LES BEAUTÉS DU GOLFE DE NAPLES

BIBLIOTHÈQUE
CHRÉTIENNE ET MORALE

APPROUVÉE PAR

MONSEIGNEUR L'EVÊQUE DE LIMOGES.

3ᵉ SÉRIE.

Tout exemplaire qui ne sera pas revêtu de notre griffe sera réputé contrefait et poursuivi conformément aux lois.

LES BEAUTES

DU

GOLFE DE NAPLES

PAR

ALPHONSE D'AUGEROT

LIMOGES
BARBOU FRÈRES, IMPRIMEURS-LIBRAIRES

A MADAME LA BARONNE FANNY DE MARTINY

Où l'on s'embarque. — Bruits touchant une quarantaine. — La nuit sur mer. — Lever du soleil. — Comme quoi la Méditerranée réveille les plus beaux souvenirs de l'antiquité. - Un navire aux premières heures du jour. — Composition d'un paquebot. — Le cap Corse — *L'Ile de Corse.* — Aspects de la Corse. — *L'Ile d'Elbe.* — Revue rétrospective. - *Caprera et Monte-Christo.* — La mer Tyrrhénienne. — Seconde et troisième journées d navigation. — Italie! — *Civita Vecchia*. — Tableau. — La vérité à l'endroit de la quarantaine. — La Peste! — Terreurs du conseil de santé. — Les côtes de l'Italie. — Les villes Etrusques. — Rome vue à l'aide d'une lunette de spectacle. — *Ostie.* — Le Tibre. — Campagne de Rome. — Les Monts Albains et ceux de la Sabine. — *Lavinium, Ardée, Antium, Nettuno, Astur.* — Le Monte-Circeo. — Circé la Magicienne. — *Anxur ou Terracine.* — Troisième nuit sur mer. — *Gaëte.* — *Mola.* — Les drames des îles *Pandataria, Palmarosa.* — *Cumes et Misène.* — Les Lacs des Enfers. — Champs Elysées. — *Ischia, Procida, Capri et Nisita.* — Le golfe de Baïa et de Pouzzoles — Apparition du Vésuve. — Le golfe de Naples. — Le port n'offre pas toujours le salut — Lazaret!

En mer, à bord du *Philippe-Auguste*, 16, 17 et 18 août 185...

Vous avez une de ces âmes auxquelles on s'attache du moment où elles se révèlent, et comme le jour où je vous vis pour la première fois est éloigné déjà, Madame la baronne, je puis dire que c'est une vieille amitié qui nous lie. Aussi permettez-moi de vous en rafraîchir la mémoire en vous adressant cette lettre. Seulement je vous écris sous votre nom d'autrefois, alors que je vous voyais si souvent, alors que je vous trouvais toujours bonne, toujours, compatissante, toujours spirituelle. Quels beaux jours par fois au milieu de nos tristesses mêmes ! Depuis, le temps a marché, emportant bien des choses dans les plis de son manteau. Mais il m'a laissé les souvenirs, et c'est au nom de ces souvenirs que je vous parle.

Hier, j'étais à Marseille, regardant défiler l'immense procession de nombreuses confréries, escortant l'image de la Vierge Marie. l'étoile de la mer, *Stella Maris*. A mes côtés, ici et là, je voyais passer gravement les Levantins, drapés dans leurs longues robes de cachemire; des Algériens, méditant sous leurs burnous blancs ; des Grecs, fiers de leurs rouges *fezzi* et les jambes à demi-cachées par les plis flottants de leurs fustanelles. Je contemplai avec admiration ces énergiques profils rappelant les formes antiques dont l'Orient conserve le type impérissable. A Marseille, on se trouve sur les limites de deux mondes : l'occident finit, et l'orient commence.

Le soir venu, alors que dix heures sonnaient, je recevais, sur le pont du *Philippe-Auguste* d'où je vous écris ces lignes, les adieux de mon ami Ludovic de St-L..... qui, demain, lui aussi, s'embarque pour l'Algérie. Nos bagages étaient casés, et nos cabines prêtes à nous recevoir; nous divisions parmi les passagers et les hommes de l'équipage, en regardant la terre, que nous quittions, toute constellée des feux de ses phares et des lanternes de ses navires, la mer qui s'agitait sous nos pieds, et le ciel qui flamboyait sur nos têtes. Nous sentions la mélancolie nous gagner, car nous allions tourner le dos à la patrie, et tout à la fois nous éprouvions l'impatience fébrile qui mine le touriste affamé de curiosités, de volcans, de ruines, de grands souvenirs, et voyant approcher enfin le moment de mordre à belles dents à l'objet de ses convoitises.

Combien mon imagination n'avait-elle pas rêvé de ces prodiges !
et avec quel enthousiasme je courais vers eux !

Hélas ! côté à côté du plaisir marche toujours la peine. Ainsi
que l'a dit un grand poète, en parlant du... voyageur :

> Le chagrin monte en croupe et galoppe avec lui!

Il circule, sourdement d'abord, plus nettement ensuite, un bruit
fort peu rassurant. On parle de quarantaine ! On dit qu'un navire
a porté la peste à Naples, à Rome, je ne sais où, et que le conseil
de santé de ces deux villes, mis en émoi, a prescrit un séjour au
Lazaret, etc., etc. Ces rumeurs, tout en n'ayant rien d'officiel, ne
laissent pas de jeter une inquiétude vague dans nos âmes et de
refroidir notre belle humeur...

Vous voyez que tout n'est pas couleur de rose dans les voyages,
Madame la baronne ; aussi cet incident ne laisse pas de me morti-
tifier cruellement. Néanmoins, je prends avis de madame D.. , et il
est décidé que nous partons quand même. C'est donc vers l'inconnu que nous allons courir. Aussi j'ai rêvé de Lazaret toute la nuit
dernière ; et, pour ne pas retomber dans cet affreux cauchemar
quoique couchant sur le pont, enveloppé dans ma longue couverture de voyage, l'air étant trop rare dans ma cabine, je me suis
levé et promené sur la dunette du paquebot. Tout dormait autour
de moi ; j'en excepte l'officier de quart, marchant gravement sur
la passerelle, et le timonier, très-attentif à bien conduire le gou-
vernail.

Que la nuit était transparente et belle ! A l'horizon, plus rien que l'infini. La lune et les étoiles me semblaient briller d'un éclat inconnu. De fraîches brises chargées de parfums faisaient vibrer les cordages, et il s'en échappait des notes graves, comme d'une harpe éolienne colossale, qui accompagnaient la marche cadencée du navire. Pas une ride sur la mer. A peine soulevait-elle de larges ondulations, lourdes comme de l'étain fondu, qui, divisées par le paquebot, se partageaient en deux sillons phosphorescents, suivis d'une immense traînée lumineuse, comme la chevelure d'une comète dont le navire serait le noyau. Tout autour du navire surgissaient à la surface de l'eau d'énormes bouillons d'un feu blanchâtre qui bouillonnaient sur l'abîme, puis crevaient à sa surface. Enfin la lune, se couchant, dans les vapeurs de l'occident, flotta quelques instants au sommet des vagues, ainsi qu'un bouclier de fer rouge qui sortirait de la fournaise, et s'éteignit dans les flots.

Une heure après, à l'orient, la plaine humide se teignit de larges bandes de pourpre que couronnait, en guise de diadème, une haute et blanche auréole. C'était l'aube. On eût dit d'un incendie s'allumant sur les flots et se réfléchissant dans les cieux. Peu à peu, un banc immense de sable d'or remplaça la pourpre. Alors les mats, les agrès et les vergues des navires, qui cinglaient à distance, se dessinèrent à l'œil d'une si étonnante manière qu'ils ressemblaient aux fibres dénudées d'énormes mastodontes. Le soleil se leva bientôt, et tout-à-coup projeta ses premiers rayons sur la mer et dans l'immensité.

A ce spectacle sublime que de pensées se succédaient dans ma poitrine et que de nombreux souvenirs il évoquait ! C'est bien une mer illustre entre toutes les mers de la Méditerranée. Jadis foyer de la civilisation de l'ancien monde, on ne peut faire un mouvement sur la surface de ses eaux et en regard de ses rivages sans heurter quelque fait gigantesque. Ici la création de l'homme, les tentes des patriarches, les Hébreux dans le désert, les prodiges de la Judée ; là les Pharaons et leurs grandes œuvres sur les bords du Nil ; puis Sémiramis à Babylone, Sardanapale à Ninive ; Cyrus sur le Tigre et l'Euphrate ; Homère chantant les dieux et les héros près du Simoïs, dont les eaux semblent apporter un écho lointain des douleurs du vieux Priam. Ailleurs, Didon, allant de Tyr à Carthage, faire retentir le cap désert de Byrsa des plaintes de son abandon ; Sidon et ses désordres ; les prophètes, assis sur des ruines annonçant d'épouvantables calamités. Ensuite Athènes montrant le nom de Périclès écrit sur les colonnes du Parthénon ; Socrate et Platon disant les mystères de leur philosophie aux rives de l'Ilissus et du Céphise ; le pêcheur amarrant sa barque au tombeau de Thémistocle ; et Lacédémone faisant chercher ses ruines parmi les lauriers roses de l'Eurotas. Tous ces rivages retentirent du bruit des victoires d'Alexandre-le-Grand, et la terre se taisait pour le regarder promener ses légions chargées de butin, d'Issus à Arbelles, de Tyr à Gaza, d'Alexandrie à l'oasis de Jupiter-Ammon, de Jérusalem à Persépolis, et enfin du Gange à Babylone ! C'est ici que débarquait Enée ; là qu'il fondait Lavinium, ci fut Albe-la-Longue ; là comptaient les Etrusques, les Volsques, les Marses, les Sabins et bien d'autres peuplades jalouses. Voici le fameux Latium, et l'endroit où la louve allaita Romulus et Rémus sous le figuier ruminal. Voilà la source pure où la blonde Egérie devisait avec Numa Pompilius. Comptez les collines que l'on voit de la mer ; elles sont bien au nombre de sept : le Palatin, que Romulus entoura d'un fossé ; le Capitolin, qui porta le Capitole ; le Quirinal, le Cœlius, l'Aventin, le Viminal, et l'Esquilin. Le Janicule, le Pincius et le Vatican furent long-temps exclus de l'inca-

neur d'appartenir à l'enceinte de Rome. C'est dans cette plaine, au nord, que les Romains arrachaient leurs dictateurs à la charrue pour les mettre à la tête de leurs armées ; c'est sur ce mont-sacré, à l'est, que le peuple se retirait pour narguer les praticiens. Sur ce point débarquait Annibal pour porter la terreur dans Rome ; sur cet autre, Scipion allait frapper Carthage au cœur. Que de batailles rougirent ces flots du sang de leurs combattants ! Salamine, Ecnome, Drépane, Egates, Actium, et *tutti quanti !* Sur ces collines du Pausilippe, Virgile chanta la nature et l'humanité. Combien de fêtes voluptueuses couvrirent ces vagues de feuilles de roses, d'aches et de myrthes ? Antoine et Cléopâtre, Lucullus, Séjan, Pollion, Caligula, Néron, Elagabale, et tous les *Trossuli* du golfe de Baïa pourraient seuls le dire. Innombrables sont les flottes qui pourrissent dans les profondes vallées sous-marines de cette mer ! Et combien de cadavres illustres ont servi de nourriture aux poissons de ses abîmes ! Le Vésuve, hélas, à lui seul, de quels drames ne rendit-il pas ces plages le théâtre indescriptible. Vint un jour où le ciel se couvrant de ténèbres, où la mer s'agitant dans les entrailles de la terre ébranlée, à Jérusalem, là-bas, s'accomplit les grands mystères de la Rédemption de l'homme. Alors la face du monde fut renouvelée. Une nuée de barbares couvrit toutes les côtes de la Méditerranée, balaya les anciens peuples sur son passage, et amoncela les décombres sur tous les rivages de l'Asie, de l'Afrique et de l'Europe. Aussitôt de nouvelles cités, Venise, Gênes et Pise jettent sur les flots d'immenses et formidables flottes qui se disputent l'or des nations au prix du sang de leurs navigateurs. Puis des milliers de croisés les sillonnent pour courir à la délivrance de la Croix au prix de leurs ossements qui blanchissent sur le sol, loin, bien loin de leur patrie. Ensuite Colomb, s'élançant de Gênes, emporte avec lui tous les esprits vers le Nouveau-Monde. Vasco de Gama double le cap Tormentoso et change son nom terrible en celui si doux de cap de Bonne-Espérance. La Méditerranée semble alors perdre toute son importance. Mais non : l'ancien monde se replie sur lui-même : ses intérêts se resserrent; et, reconquérant toute sa gloire, notre mer intérieure redevient le théâtre obligé des luttes des nations. Tout récemment encore, ne voyons-nous pas les deux représentants du despotisme, la Russie et l'Empire des Turcs, s'agiter dans une étreinte suprême, tandis que la France et l'Angleterre se posaient en champions de la civilisation moderne ?

Voilà ce qu'a vu la Méditerranée, voilà ce que ses rivages ont reflété comme un miroir fidèle.

Cependant le jour s'est fait sur la mer, et réveille les passagers sur leur couche mobile. Ils commencent à paraître sur le pont : les groupes se forment sur tous les points. C'est un singulier coup-d'œil que celui que présente un paquebot. Vous ne l'ignorez pas, Madame, un bateau à vapeur est fractionné en deux parts. A l'arrière sont les premières places, le quartier patricien, les cabines confortables, le salon commun aussi élégant qu'un salon parisien, avec divans, glaces, piano, etc., et sur le pont les pliants, les fauteuils qu'occupent les dames, les dandys, les gentilshommes, les fils aînés de la fortune. Là, on se croit sur un coin du boulevard de Gand : la langue française est la langue dominante, tant elle devient universelle. Ce n'est toutefois qu'un caravensérail où Grecs, Egyptiens, Maltais, Anglais, Italiens, Français, et parfois Américains, posent le pied pour peu de jours, mais se succèdent sans interruption, d'escale en escale. A l'avant se trouvent les secondes et les troisièmes places, le quartier plébéien, les cabines étroites, sans le plus petit boudoir, sans divans, sans le moindre confort. Là, les déshérités de la fortune, les trafiquants à bourse étroite, les soldats, les émigrants, la plèbe en un mot, campent, le plus souvent en plein air, parmi les animaux enchaînés qui y attendent le couteau du boucher pour le service du bord, parmi les matelots qui manœuvrent péniblement où qui mangent à la gamelle. Les costumes de toutes les nations, plus ou moins avariés, s'y croisent et s'y mêlent. On y parle toutes les langues ; on y consomme tous les produits. Gardez-vous d'une curiosité trop vive, passagers de l'arrière, car dans ces parages, si vous arrivez avec des bas blancs, vous les quitterez avec des bas.... mouchetés. De cette division des castes, résulte la division des tables. C'est au repas que les voyageurs, se trouvant au complet, se toisent, s'observent, se jugent et suivent l'attrait de leurs sympathies pour la durée de la traversée. Rien de plus élégant que la table des premières ; on la croirait servie par Chevet. Fleurs et fruits, vins exquis, mets délicats, abondants, d'après les principes de Carême, moka délicieux, rien n'y manque. La Compagnie Française des Paquebots-Poste de la Méditerranée fait parfaitement les choses : je me plais à lui rendre cette justice. Plus vulgaire, mais excellente également, la table des secondes. Le lieutenant du bord, les mécaniciens, président celle-ci, et le capitaine fait les honneurs de celle-là. A toutes deux règne un entrain parfait. Le bon goût et le savoir-vivre brillent à la première ; la seconde se distingue par... l'appétit. Quant aux passagers des troisièmes, ils couchent où ils peuvent et broutent ce qu'ils trouvent. Néanmoins, avec un peu d'adresse et d'imaginative, il en est qui savent se composer un menu qui n'est pas sans valeur. J'ai vu un sapeur français, qui se rend à Rome, présider un comité de deux ou trois voltigeurs, et je ne sais par quelle *voltige* ils se sont *créé* un dîner qui ne manquait ni de tournure ni de parfum.

Nous appartenons à l'arrière du Paquebot et cependant, par exeption cette fois, notre société, toute aristocratique qu'elle est, se trouve aimer le plaisir et la gaité. Nous ne comptons que trois femmes, mais la qualité rachète la quantité.

Notre bâtiment ne fait escale ni à Gênes, ni à Livourne. Il va droit à Civita-Vecchia. Aussi suis-je étonné que nous doublions le Cap-Corse, au lieu de franchir directement le détroit de Bonifacio, qui sépare l'île de Corse de l'île de Sardaigne. Mais, paraît-il, ce détroit est généralement de mauvaise humeur. En effet, ce n'est pas sans une profonde émotion que l'on se rappelle le cruel désastre de notre *Sémillante*, qui y périt corps et biens, chargée qu'elle était de tout un régiment français, à destination de Sébastopol, lors de la guerre de Crimée.

Il est deux heures et demie quand nous laissons le Cap-Corse derrière nous. Tapageur d'ordinaire, aujourd'hui, ce cap est doux comme un mouton, le ciel est si beau, l'air si calme ! Nous longeons pendant une heure la côte orientale de l'île de Corse, qui n'a pas moins de quarante-trois de nos lieues de France. De très-hautes montagnes forment l'épine dorsale de l'île. Celle qui nous semble la plus élevée n'a pas moins de deux mille six cent soixante-douze mètres au-dessus du niveau de la mer. On la nomme *Monte d'Oro* ou *Rotondo*. Des roches sourcilleuses, des arbres séculaires, des torrents mugissants, la mer mêlant le bruit de ses flots à leurs eaux turbulentes, et de vieilles tours romaines se montrant de distance en distance sur les plages, comme des vestiges de civilisation au milieu de cette nature robuste, âpre et capricieuse, tout concourt dans le spectacle qui nous est donné à faire méditer l'artiste, le poète, le philosophe et même l'homme simple qui se borne à lever les yeux vers le ciel, quand des beautés naturelles frappent sa vue. Nous apercevons ici et là de ces bois fameux que l'on nomme *máquis*. Ce sont d'épais fourrés de genièvres, de myrthes, d'arbousiers et d'autres arbustes élevés. Quelquefois on les brûle pour ensemencer les terres qu'ils recouvrent. Mais le plus souvent ils servent de refuge inaccessible aux brigands ou à ces êtres doués d'une organisation exceptionnelle pour lesquels la *vendetta* est un besoin. Nous voyons aussi de longues chaînes de rochers qui percent le feuillage des bois de pins, de châtaigniers et de thérébinthes. Ces roches, paraît-il, possèdent des grottes où, pendant la nuit, se retirent les bergers et leurs troupeaux.

Longtemps, à l'aide de ma lunette, j'ai pu voir, sur la cime des rochers, des pâtres, appuyés sur leur long bâton, regarder d'un air mélancolique notre bateau passant avec la rapidité d'une flèche. Quelle différence de vie entre eux et nous! Celle du touriste, toujours en mouvement, contraste étrangement, en effet, avec celle du berger, qui ne quitte jamais le vallon ou le sommet alpestre où il est né, où il vit, où il meurt. Je voyais aussi des femmes cheminant sur un sentier sauvage conduisant à un máquis, où peut-être quelque *vendettore* attendait sa Colomba, et des mulets galoppant, suivis de leurs muletiers, sur la route qui conduit à Bastia... Mais pendant que je vous parle de la Corse, elle se perd pour nous dans la brume du soir et ne m'apparaît plus que comme un de ces nuages qui jettent l'ancre dans les profondeurs du ciel.

Maintenant en passant en vue de l'*Ile de Caprèra*, ce sont les marsouins qui récréent les curieux du bord par leurs jeux innocents et leurs tours de force exécutés à fleur d'eau, lorsque déjà le soleil se couche et fait rutiler les vagues.

Nous pénétrons alors dans le canal qui sépare la Corse de l'*Ile* d'*Elbe*, *Isola-Elba* ou *Ilva*, dont la surface, montagneuse et rocheuse en même temps, offre pour point culminant le *Monte Cavanna*, qui s'élève à environ 3000 pieds au-dessus de la Méditerranée. Sa forme est très-irrégulière. Elle s'étend, comme un géant couché, entre nous et la Toscane qui nous fait face à cette heure, sur les rivages de l'Italie. Pour achever la comparaison, l'île d'Elbe repose ses épaules du côté de l'Italie, dont elle est séparée par le canal de Piombino, et étend ses pieds vers la Corse.

C'est une chose étrange que la Providence ait placé, si près l'un de l'autre, le berceau de Napoléon, et le tombeau de ses succès, mais non de sa gloire ! Né dans l'île de Corse, l'île d'Elbe le vit arriver un jour, décoré du titre d'Empereur. Après avoir décidé du sort de Napoléon, en 1814, les puissances alliées *avaient daigné* donner, comme royaume, à celui qui avait régné sur l'Europe entière, cette pauvre petite Ile d'Elbe ! Aussi, du mois d'avril 1814, où le héros y entra, jusqu'en mars 1815 qu'il la quitta pour courir à Cannes, en conspirateur, et de Cannes à Paris, en triomphateur, les yeux de tout l'univers furent fixés sur ce petit coin du globe.

La nuit s'est faite pendant que nous atteignons les côtes de l'île; mais, comme la première nuit de notre navigation, la transparence qui règne nous permet de suivre et d'étudier du regard les contours et les aspérités de l'île. D'ailleurs des feux s'allument sur la crète des rochers et dans le creux des vallons. Ces feux, réfléchis par les eaux, et qui ne sont que le modeste chauffoir de pauvres pâtres gardant leurs troupeaux, éveillent l'imagination et évoquent des souvenirs. Comment ne pas se souvenir quand au-dessus de vos têtes et tout autour de vous plane la grande et toujours vivante image de Napoléon?

Avant de m'envelopper dans ma couverture, pour dormir à la belle étoile, si possible, — je devrais dire au plus beau clair de lune du monde. — laissez-moi vous signaler l'*île de Pianosa*, à notre droite, puis celle de *Formicole*, à notre gauche, puis, à notre droite encore l'*île de Monte-Christo*, simple rocher constamment battu par la vague, mais couronné de gloire depuis que, sous la plume d'Alexandre Dumas, cette masse rocheuse est devenue le sanctuaire fabuleux des incommensurables richesses en or, diamants et pierreries, de l'abbé Faria. Libre à tous d'aller puise à cette mine inépuisable!

Ce matin, mardi, 18 août, à la pointe du jour, j'ai été réveillé par un bruit de manœuvres qui se faisaient sur le pont. Je me suis levé, c'était l'équipage qui tirait de la cale les bagages des passagers en destination de Rome. En effet, à l'horizon se montrait à nous la longue ligne bleue des côtes de l'Italie, avançant vers nous la pointe de terre qui porte Civita-Vecchia. Grand mouvement dans les cabines! En un clin d'œil tout le monde se précipite sur le pont. Pour ceux qui voient l'Italie pour la première fois et qui vont débuter par Rome, c'est un enthousiasme difficile à décrire. Pour nous, touristes déjà moins neufs à l'endroit de cette douce émotion, c'est un soupir profond accompagné de ces mots :

— Enfin nous allons donc savoir la vérité à l'endroit de la quarantaine !

Sur ce, la vapeur semble redoubler de force pour nous rapprocher de l'antique *Centum-Cellæ* des Romains, et de la forteresse

que dessina Michel-Ange, par ordre du pape Jules II, et que terﾭ
mina Paul III, pour la défense du port creusé par Trajan. Déjà
nous distinguons ses tours, l'entrée du port, le phare qui luit
encore malgré le soleil levant, et les clochers de la ville. Nous
arrivons : la vapeur siffle; l'ancre tombe. Aussitôt la calme se fait,
car le paquebot reste immobile. Une barque s'approche : à sa
proue flotte un petit drapeau blanc aux armes pontificales. Hélas!
trois fois hélas! un homme, — mérite-t-il bien ce nom, le bourﾭ
reau! — un homme présente au capitaine une large lettre placée
à l'extrémité d'un très-long bambou, puis recule bien vite à l'arﾭ
rière de sa nacelle, pâle de terreur. Mauvais présage! Décidément
on nous traite en pestiférés. En effet, défense nous est faite de
communiquer avec la ville, et ordre est donné aux passagers
d'entrer au Lazaret pour y rester dix-sept jours dans la solitude et
sous le séquestre. Dix-sept jours!...

— De combien de jours est la quarantaine de Naples? crionsﾭ
nous.

— Dix jours seulement! répond le bourreau, en détournant la
tête, de crainte que la vapeur de nos bouches ne lui communique
la peste.

Entre deux maux, la raison veut que l'on choisisse le moindre.
Vous comprenez dès-lors, Madame, que nous réservons pour
Naples notre épreuve du Lazaret.

Cependant, agitation pénible sur notre paquebot. Le drapeau
jaune est hissé au sommet du grand mât. Pourparlers entre le
capitaine et des membres du conseil de santé qui s'approchent,
mais restent à distance respectueuse et ne communiquent les déﾭ
pêches expédiées de Rome qu'à l'aide de leurs bambous.

Depuis l'île d'Elbe, notre paquebot sillone la *Mer Tyrrhénienne*, nom célèbre donné à cette partie de la Méditerranée qui, s'éloignant de la Toscane, s'étend jusqu'à la Calabre inférieure, la Sicile, et remonte jusqu'à la Sardaigne, parce que les peuplades Pélasgiques ou Grecques, qui vinrent s'établir sur ses côtes, portaient aussi le nom de *Tyrrhènes* ou *Etrusques*. Ces Tyrrhènes s'étaient rendus fameux comme navigateurs, mais surtout comme pirates. Cette mer Tyrrhénienne s'appelait encore, chez les anciens, *Inferum mare*, *mer Inférieure*, par opposition à *Superum mare*, qui se disait de l'Adriatique et qui signifie *mer Supérieure*.

Voici le plan topographique du port de Civita-Vecchia. Nous occupons le centre de ce port qui affecte la forme d'un carré long. Des murailles crénelées le séparent de la ville qui s'élève au fond. A notre droite, glacis rattachant la ville à la forteresse, et forteresse formant un château-fort composé de six tours disposées en jeu de quilles. A notre gauche, caserne occupée par un régiment français dont la vue nous fait battre le cœur. A la suite de la caserne, bâtiment sombre, sinistre, qui n'est autre que le Lazaret, et couvent de capucins, y attenant. Derrière nous, entrée du port séparée de la sortie par deux tours massives que relie une épaisse muraille, au pied de laquelle sont établies des cabanes pour bains de mer, où des Dominicains vont, à cette heure matinale, se préparer à braver la chaleur du jour.

On débarque bientôt les passagers dont s'emparent les gardiens de la santé, signalés par un brassart jaune. L'une de nos trois dames et son mari, jeune médecin attaché au service de l'armée d'Italie, des Espagnols, des soldats, un pauvre et bon religieux, et ceux-ci et ceux-là, sont conduits, tête basse, comme un vil bétail, aux fourches caudines du Lazaret. Ses fenêtres s'ouvrent :

nos compagnons s'y montrent confus, levant les yeux et les bras au ciel, surtout la pauvre jeune femme du médecin. Tous nous crient :

— Pas de lits ! Pas de chaises ! Pas de tables ! Rien, rien que de monstrueuses araignées, des tarentules sans doute, qui font émeute et dressent des barricades à notre vue...

Malgré tout, nous entendons nos captifs rire, chanter, jeter en l'air mille folles exclamations, mille lazzi drôlatiques, auxquels je réponds *in petto* :

— Voilà pourtant comme je serai... dimanche !

Toutefois les lits arrivent... On les voit sortir l'un après l'autre du couvent des capucins. Du linge, de la vaisselle, des chaises, des tables, toutes choses louées à grands frais, sont apportés d'ici, de là : nous sommes témoins de l'installation des prisonniers.

Cependant, sur le paquebot, se passe une scène d'un autre genre. Parmi nos passagers les plus distingués, les plus considérables et les mieux goûtés, se trouve le baron L..., envoyé par le gouvernement de France pour inspecter l'état sanitaire de l'armée française d'occupation. Son arrivée pour ce jour même, est annoncée à l'avance, attendue par les troupes, et doit d'autant moins souffrir de retard que, cette inspection faite, le baron prend la mer et se rend en Algérie, dans le même but et avec la même ponctualité militaire. Mais M. l'inspecteur a beau faire des représentations au Conseil de santé, montrer ses ordres, prier d'user du télégraphe pour demander au cardinal Antonelli une exception en sa faveur : il a beau s'offenser, s'irriter, menacer. Rien ne fléchit devant l'épouvante qu'inspire la peste dont nous sommes les porteurs maudits, vainement nous redoublons de coups de dents, à table; vainement la fraîcheur et le coloris de nos visages prouvent en faveur de notre santé prospère; il faut, bon-gré malgré, avoir la peste et se soumettre.

Il est midi quand nous quittons Civita-Vecchia. Nos pestiférés du Lazaret nous envoient leurs adieux et nous leur souhaitons bon courage. Long-temps la pantomime la plus expressive s'établit entre notre bord et leurs cabanons. Enfin nous les perdons de vue, et Civita disparaît à son tour dans la poussière d'or de ses côtes brûlées par le soleil.

Nous distinguons à merveille les rivages de la mer devant lesquels nous passons, et les accidents des ondulations qui les composent. Absence de culture. Le sol est livré à la nature, et ses productions servent de pâturage au bétail. Civita est située sur une pointe de terre très-avancée; mais les côtes qui lui succèdent reculent d'autant et affectent la forme d'un arc-tendu. Quelques tourelles placées à distance, un vieux manoir au fond d'une anse, un autre château-fort avec donjons, se baignant dans les flots, saluent de loin notre passage.

Au-delà du rivage, la plaine se hérisse au loin de mamelons plus élevés : ce sont de nombreux monticules comparables aux vagues d'une mer solidifiée. On devine que Rome ne doit pas être loin, et que la ville éternelle a choisi les sœurs de ces collines pour y fixer le siége de sa puissance et de sa gloire.

La route qui de Civita conduit à Rome, comme nous, suit long-temps la côte et nous laisse voir son ruban monter, descendre, monter encore et disparaître peu à peu dans les terres. Nous apercevons sur cette route la métairie qui a nom *Santa-Severa*, établie sur les ruines d'une antique cité pélasgique. Jadis elle s'appelait

Pyrgos. L'histoire raconte que Denys-le-Tyran vint, tout exprès de Syracuse, en Sicile, avec cent vaisseaux, pour surprendre Pyrgos, qui passait pour une cité fort opulente. En effet, ce roi-pirate enleva de la ville un million de talents, et le talent avait une valeur de 5,500 francs, notez bien.

Il n'avait pas perdu son temps, comme vous voyez, le digne homme, et j'avoue que pour agir en larron, comme il le fit en cette circonstance, l'endroit était des plus favorables.

Un peu plus loin voici *Palo*, pauvre petit port de pêcheurs, dont les maisons sont construites avec les débris de l'ancienne ville étrusque d'*Alsium*. Le fameux Pompée et l'illustre empereur Antonin le Pieux y possédèrent des villas. Certes ! le site était fort pittoresque, et dans cette belle solitude on pouvait venir se retremper du fracas de Rome et de la lutte des passions. Mais, à cette heure, avisez où pouvait se trouver ces villas ?

Du pont de notre *Philippe-Auguste* on peut voir aussi, à demi-voilée par les ondulations des collines, *Cervétri*, l'antique Agylla ou Cœre, au nord de Palo. Cette cité, fondée par les Pélasges, venus de Grèce, et nommée par eux *Agylla*, sans contredit, est l'une des plus anciennes de l'Italie. Quand les Etrusques se substituèrent aux Pélasges, ils lui donnèrent le nom de *Cœre*. Je n'ai pas besoin de rien ajouter sur l'histoire de cette ville, qui n'est plus qu'un village.

Mais qu'ai-je entendu ? Quel nom vient de prononcer le capitaine ? Rome ! Oui, Rome !

. . . .

Je viens de voir Rome ! Oui, j'ai vu, je vois encore, même à l'œil nu, Rome représentée par la coupole de Saint-Pierre qui rutile.

comme du bronze, à l'horizon terrestre, parmi les collines qui l'entourent. Je l'ai saluée, je la salue, la joie au cœur, comme une de ces merveilles qui méritent l'admiration et commandent le respect. Hélas ! un malencontreux mamelon dérobe à mon regard attristé cette apparition majestueuse et sublime. Ce n'est déjà plus qu'un rêve !

En effet, c'est bien la direction de Rome, car voici, fort au loin dans la brume du midi, sur leurs gracieuses collines, la belle *Frascati*, jadis *Tusculum*, le *Mont-Albain*, avec le couvent qui recouvre les ruines du *temple de Jupiter Latial*, et la chaîne des *montagnes du Latium*. Voici *Rocca-di-Papa* qui nous sourit dans son nid de verdure au penchant de ces monts; puis, plus près de nous, *Albano*, le cratère éteint qui contient son lac, et, sur son ouverture béante, les ruines gazonnées d'*Albe-la-Longue*. Voici les *Frattochie*, près desquels eut lieu la rixe entre Milon et Clodius, qui avait sa villa tout près d'Albano; voici les *tombeaux* gigantesques d'*Ascagne*, fils d'Enée, et de *Pompée*, inhumé sur son propre domaine. Voici *Aricia*, où Horace fit la première station de son voyage à Brindes; le *Sépulcre d'Aruns*, fils de Porsenna, entre Albano et Aricia ; *Bovillæ* et les ruines de cette ville, bâtie par Latinius-Silvius, quatrième roi d'Albe-la-Longue. Voici les mille aqueducs qui sillonnent l'*Ager Romanus*. Au loin, le *Soracte* montre sa tête chauve, au nord, puis, à l'est, les *monts de la Sabine*, et *Tivoli*, et *Subiaco*, tous lieux aimés et célébrés par l'histoire et la poésie.

Bien mieux, tout près de nous, sur le rivage, j'avise l'embouchure du *Tibre*, jadis *Albula*, maintenant *Tevere* en italien, qui, né dans les Apennins, en Toscane, grossi des ondes plus pures de la *Chiana*, jadis *Clanis*; de la *Nera*, autrefois *Nar* ; du *Teverone*, le gracieux *Anio* des poètes ; et de l'*Aja*, la vieille *Allia*, immorta-

lisée par la victoire des Gaulois sur les Romains en 390 avant
J.-C., après avoir baisé les pieds de la souveraine maîtresse du
monde, emporte les longs secrets de son histoire et vient les jeter
avec ses eaux dorées en tribut à la mer.

Sur ses bords, la nouvelle *Ostie* nous montre ses maisons blanches et mélancoliques, tout imprégnées de la cruelle *mal'aria* qui règne en ces contrées. Mais, plus près encore, ces épaisses broussailles, ces monticules convertis en halliers, ces vallons épineux nous révèlent l'antique *Ostia* des Romains, enfoncée sous des plantes parasites et sous des décombres amoncelés. Nul bras n'a fouillé encore ses ruines curieuses qui doivent recéler bien des trésors. Jadis, à peine la pioche souleva-t-elle une fois quelque peu de terre, qu'elle mit à découvert des curiosités artistiques de haut prix. Pourquoi donc ne pas continuer cette œuvre ? Heureux le touriste qui sera le témoin privilégié de cette magnifique opération !

Maintenant c'est tout un chapelet de villes fameuses qui va défiler sous nos yeux, en décorant le rivage de leurs débris :

Castel-Fusano, où Pline-le-Jeune avait sa délicieuse villa, si connue sous le nom de *Laurentin*, qu'il nous décrit avec tant d'art ;

Prattica, l'antique *Lavinium*, fondée par Enée ;

Ardea, la ville de Turnus, la capitale des Rutules.

Antium, maintenant *Porto-d'Anzio*, la capitale des Volsques, ces terribles ennemis des Romains qui, une fois vaincus, virent les proues en cuivre de leurs galères décorer, comme un trophée triomphal, la tribune aux harangues, désormais appelée *Rostra* ; Antium, où Agrippine, la mère de Néron, avait une villa qu'elle quitta un jour, par ordre de son fils, pour aller mourir à Beauli, près de Baïa ; Antium, où Cicéron possédait aussi une maison de plaisance ; Antium, où furent trouvés l'Apollon et le Gladiateur, la gloire du Belvédère, à Rome, merveilles qui révèlent l'opulence artistique de cette cité morte ;

Nettuno, avec les ruines de ses palais et le costume oriental des femmes de sa contrée ;

Et enfin le rocher qui porte *Astur*, où Cicéron avait une autre villa, — où n'en avait-il pas ? et d'où, comme Agrippine d'Antium, il partit une nuit pour échapper aux soldats d'Antoine, qui surent bien le découvrir près de Gaët, et l'égorgèrent.

Nous avons déjeuné dans le port de Civita ; nous dînions tout-à-l'heure en passant devant Ardée ; maintenant on devise et l'on fume sur le pont, pendant que les étoiles s'allument dans les cieux, que la lune se lève, que la brise souffle et que se prépare notre troisième nuit de navigation, nuit orientale, douce et parfumée. Aussi sommes-nous tous dans le ravissement.

Mais quel est ce colosse qui se dresse à l'horizon terrestre, à notre gauche, sur le rivage, au-dessus d'un promontoire qui brave fièrement les flots ? C'est le *Monte-Circeo* ou *Circello*, extrême pointe du Latium, voisin de l'*Ile d'Œa*, réunie maintenant à la terre ferme et formant le promontoire en question. Autrefois, cette île et la montagne étaient le domaine de Circé, fille du soleil, et de la nymphe Persa. Homère a chanté cette montagne, cette île et la belle Circé, terrible magicienne qui, par ses breuvages enchantés, transformait en pourceaux les compagnons d'Ulysse, alors que ce guerrier, après la chute de Troie, parcourait les mers à la recherche de son île d'Ithaque, et que le caprice des flots l'avait porté vers cette île d'OEa. Circé, toute charmeuse qu'elle était, s'humanisa en faveur d'Ulysse, épris lui-même. Mais le héros, après avoir eu de la magicienne un fils, qu'il nomma Télégone, échappa aux enchantements, et parvint enfin à rejoindre sa fidèle Pénélope.

Voici encore *Anxur*, l'Anxur des Volsques, maintenant *Terracine*.

Un vapeur napolitain, la *Maria-Antonietta*, avait quitté Civita, au moment où nous pénétrions dans le port, ce matin. Il avait donc au moins six heures sur nous. Cependant, une noire aigrette de fumée et ma lunette nous le montrent à droite, au fond de l'horizon de mer, à l'arrière déjà de notre *Philippe-Auguste*, alors que nous dépassons le Monte-Circeo. Nous marchons, en effet, avec une admirable rapidité.

Si vous voulez qu'un beau monument soit dignement regardé; si vous voulez que par ses détails et par son ensemble, il frappe d'admiration les hommes qui viennent le visiter, faites-lui une noble arrivée, car pour toutes choses il faut préparer l'esprit. Avant d'être en face de Versailles, vous le savez, on pressent sa grandeur : les larges voies, les magnifiques avenues vous ont disposé à admirer. Eh bien ! dites-moi, Madame la baronne, pour arriver en face de Naples et de son golfe, l'une des splendeurs du monde, est-il plus admirable avenue que cette route que je vous peins, toute semée de beautés naturelles ou de grands souvenirs historiques ? Ne perdez pas patience et suivez-moi, sur la carte ou des yeux de l'esprit, quelque peu encore ; nous arriverons bientôt... Regardez :

Il est à peine une heure de nuit, mais croirait-on qu'il fait nuit ? et déjà nous laissons derrière nous, à gauche toujours, *Gaëte*, la ville fondée par Enée, en mémoire de Cajeta, sa bien-aimée nourrice, qui mourut et fut inhumée sur ces bords. Un peu plus loin, sur le rivage, près de *Mola*, voyez-vous cette tour antique, massive et carrée, qu'abrite un caroubier ? C'est le *tombeau de Cicéron*, car c'est à quelques pas de là que le grand orateur tomba sous le poignard des sicaires d'Antoine. S'il faisait tout-à-fait jour, je vous dirais que c'est bonheur de contempler les bois d'orangers de Gaëte, son puissant château-fort, clé du royaume de Naples, ses riantes maisons baignées par la mer Tyrrhénienne, et les femmes de la contrée, qui, à leurs costumes pittoresques, joignent de belles tresses de rubans mêlées aux nattes plus belles encore de leurs longs cheveux d'un châtain presque clair. Voilà un prodige ! car, aux Italiennes des autres latitudes, la nature a donné la plus noire chevelure que puisse désirer une fille d'Eve.

Nous passons alors au travers de groupes d'îles bleuâtres dont l'aspect charme le regard. C'est d'abord *Palmarola*, c'est ensuite *Zannone*, puis *Ponza*, qui, comme des mouettes hardies, semblent défier l'agitation des flots. Voici venir ensuite *Vandotena*, l'antique *Pandataria*, qui recueillit les pleurs de trois illustres captives: l'impudique Julia, fille d'Auguste, le premier des Césars, condamnée à y vivre de pain et d'eau, afin d'éteindre, si possible, le feu trop ardent du sang vicié de sa famille ; Agrippine, la vertueuse fille d'Agrippa et de cette infâme Julia, l'inconsolable veuve de Germanicus, qui, envoyée dans cet exil pour avoir rapporté à Rome les cendres de son époux empoisonné en Germanie par ordre du farouche Tibère, et l'avoir trop pleuré, s'y laissa mourir de faim ; et enfin la douce et chaste Octavie, fille pure de l'impure Messaline, et de l'imbécile Claude, sœur du bon Britannicus, et, comme son frère, victime de l'odieux Néron dont elle était la femme. A Pandataria succède *Ischia*, s'élevant du sein des eaux en forme de cône bicéphale, formidable volcan dans les temps passés, aujourd'hui majestueuse et verdoyante montagne toute semée de blanches villas, de gracieux hameaux et de saintes chapelles; viennent enfin *Procida*, heureuse et fière d'avoir été chantée par l'auteur des *Méditations* et des *Harmonies*, dans sa Graziella, et *Capri* que les cruautés, les débauches de Tibère et sa beauté rendent si fameuse.

Cependant, avant de franchir le canal qui sépare Capri d'Ischia et de Procida, enchaînées l'une à l'autre comme pour fermer le golfe de Naples, notre *Philippe-Auguste* longe la langue de terre que termine le cap Misène, et salue en passant.

D'abord l'acropole de la tant vieille *Cumes*, les ruines éparses à sa base sous les figuiers et les pampres sauvages, et l'antre béant de son antique Sybille ;

Le *lac Averne*, autrefois si redoutable ; l'*Achéron*, devenu le *lac Fusaro* ; le village de *Bauli*, et les ruines de la *villa d'Agrippine*, l'incestueuse mère de Néron, placée sur le rivage de la mer Tyrrhénienne ; les *Champs-Eliséens*, simples et nombreux tombeaux des soldats de la flotte romaine stationnant d'ordinaire dans le port de Misène ;

Alors, doublant le Cap, où, d'après Virgile, Misène, le vaillant trompette de la flotte d'Enée, victime de la perfidie des flots, reçut la sépulture et donna son nom au *Promontoire de Misène*, ce n'est pas sans une surprise délicieuse que je vois, toujours à notre gauche, un golfe réduit aux proportions d'un grand lac, mais dont les contours sont gracieux, et les rivages peuplés de ruines magnifiques autant que de souvenirs fameux. C'est le *golfe de Baïa*, car la ville de Baïa décore de ses ruines les rampes orientales du bassin, ou bien le *golfe de Pouzzoles*, car Pouzzoles, assise sur sa marge occidentale, y produit de loin la perspective la plus ravissante.

Nous visiterons ces lieux jadis si enchantés, et maintenant comme frappés de malédiction, car les ruines sont là, debout, qui semblent dire, dans un langage inflexible, que tout passe ici-bas. C'est une chose digne de remarque que tous ces retiros, fameux dans l'antiquité par les voluptés, les divertissements et les plaisirs dont ils étaient le théâtre, Paphos, Gnide, Amathonte, Cythère, Baïa, Pœstum, n'offrent plus maintenant que stérilité, décombres, tristesse et douleurs. La terre n'y produit plus, l'air y est infecté, la mal'aria frappe sans relâche les habitants.

Je vous parle encore de cette apparition magique, que déjà nous sommes entraînés par le paquebot, et que nous perdons de vue Baïa, Pouzzoles et leur golfe. Nous entrons dans... celui de Naples. Oui, c'est bien lui ! Le crépuscule règne encore ; mais voici que j'avise, au loin, sur notre droite, comme un vaste brasier qui ruisselle du penchant d'une montagne. On dirait de longs et fantastiques zig-zags de feu, sortant d'une fournaise. Une immense colonne de fumée s'échappe d'un cône gigantesque et s'élance dans l'air sous la forme d'un immense pin-parasol. Assurément, ce ne peut être que le Vésuve.

Nous touchons au but, car voici notre *Philippe-Auguste* qui s'élance à toute vapeur, comme un noble coursier aspirant au repos, dans une profondeur de mer qu'entourent de toutes parts, à des distances infinies, les plus gracieuses collines qu'il soit possible d'imaginer.

A gauche, ces merveilleuses ondulations du sol ne doivent être autres que les collines de Pausilippe.

A droite, ces autres collines, plus ravissantes encore et plus belles, sont bien certainement celles de Castellamare et de Sorrente.

Au centre, cette ville qui, depuis la base de l'amphithéâtre qui le porte jusqu'à son sommet, étale ses palais, ses dômes, ses châteaux-forts, et ses pyramides de maisons, c'est Naples.

A l'orient, là, le Vésuve, et à droite du Vésuve, Pompeïa ! Enfin, à la gauche du volcan, Herculanum, Portici !...

Quel spectacle grandiose !

A l'entrée du golfe, golfe immense comme Paris, notez bien, à l'entrée du golfe, comme une sentinelle avancée qui le garde et le protége, une île, mais une île fameuse s'il en fût, l'île de Caprée. l'île du tyran Tibère !

Et sur tout cela, d'abord l'aube qui blanchit, ensuite l'aurore qui écarte les voiles de pourpre et d'or de son palais, et enfin le soleil qui s'élance, comme un géant.

Je le répète encore : Quel spectacle admirable !

. . . .

Hélas ! Madame la Baronne, j'oubliais la Quarantaine ! mais on nous y fait penser ! A peine dans le port, à peine enivrés de tout ce qui nous frappe, on voit notre grand mât s'envelopper du pavillon jaune, et le pauvre *Philippe-Auguste*, comme un paria, comme un lépreux, est chassé, contraint d'aller à l'écart, dans une anse de l'île de Nisita, près de Procida, près d'Ischia, à la pointe des collines de Pausilippe, et en face du golfe de Baïa, sur lequel je moralisais tout-à-l'heure. C'est là que pendant dix jours, enfermés dans un affreux Lazaret, nous allons languir et nous étioler...

En attendant, je termine promptement ce *manuscrit*, pour l'envoyer à terre, à la poste, car voilà le signal de la fuite, on a si peur de nous ! Il ne me reste plus qu'à vous offrir mes plus respectueux hommages, Madame, et à signer,

Le pauvre prisonnier, mais très-chaleureux ami,

VALMER.

A L'ILLUSTRE CHEVALIER DON QUICHOTTE, DE LA MANCHE, ET A SON FIDÈLE ÉCUYER SANCHO PANSA

ÉPITRE TRACÉE AU CRAYON SUR LES MURAILLES DE MA CHAMBRE,
AU LAZARET DE NAPLES (1),
ET INSÉRÉE DANS LE JOURNAL HUMANITAIRE
Il Pasquino, A ROME (2).

Isle de Nisita, 25 août 185...

A moi ! venez à moi, fiers Redresseurs de torts !
Réveillez-vous, amis, sortez de votre tombe !
Roulez comme la foudre, éclatez comme bombe
Sur les maîtres sans foi de ces dangereux bords !

---

(1) *Lazaret*, refuge forcément donné à ceux qui sont regardés comme atteints de la peste, lépreux, etc., et qui porte ce nom de Lazaret, parce que la maladie des lépreux était réputée être celle dont mourut *Lazare*, le pauvre qui se tenait à la porte du mauvais Riche, ou parce que les *chevaliers de Saint-Lazare* eurent mission de les soigner.

(2) Nom d'une ancienne statue mutilée, à l'angle du palais Braschi, à Rome, au pied de laquelle on déposait les épigrammes et satires contre l'autorité. Cette statue a pris le nom d'un tailleur à l'humeur moqueuse, qui décochait ses traits malins contre ses contemporains. De là vient le mot de *Pasquinades*, plaisanteries.

Toi, maigre Don Quichotte, enfourche Rossinante,
Endosse sans délai ton armure sonnante ;
Abrite ton vieux front sous l'armet de Mambrin !
Et toi, dodu Sancho, sur ton âne mutin,
A l'arrière, fulmine, en ton mordant grimoire,
Les plus rudes lazzi de ton gai répertoire
Contre ces flibustiers, voleurs de liberté,
Qui, pour nous rançonner, prétextent la santé...

Il s'agit par ta dague et tes grands coups de lance,
Don Quichotte, il s'agit de châtier l'insolence
Non plus de ces Géants, aux effroyables bras
Qui, changés en moulins, te mirent patatras,
Disloquant sans pitié ta débile carcasse,
Nonobstant ton écu, ton heaume et ta cuirasse ;
Ni de ces chevaliers, innombrables légions !
Qui, pour tromper ton œil, devinrent des moutons
Dont ton ire, morbleu ! fit une boucherie
Trop digne assurément de leur supercherie :
Mais bien, *l'eusses-tu cru ?* d'un Conseil de Santé !

Voici le fait, écoute..., apprends la vérité.

Des rivages de France aux bords de l'Italie
Déjà, depuis trois jours, notre vaisseau cinglait,
Et, sans aucun péril, un doux vent le portait,
A l'Eden que l'on nomme et Sorrente et Baie.

Du Vésuve enflammé, sur la moire des cieux
En vaste parasol s'élevait la fumée :
Les collines en fleurs d'un golfe radieux
Etalaient leurs beautés d'antique renommée.

Tour à tour répétés par la terre et les eaux
Le Pausilippe, ici, nous mettait en extase ;
Là, Naples et la mer, déroulant leurs tableaux,
Déliaient notre langue en des torrents d'emphase.

Soudain, vers notre esquif, un canot arrivant,
D'un ton qui ne sait pas admettre de réplique,
Par la voix d'un faquin vient nous donner le vent :
« Que partis de Marseille, où règne la colique,
Nous apportons la Peste !... et que pour nous purger,
Dix grands jours à l'écart, passés en des cellules,
En face de la mer, permettront de juger
S'il faut user pour nous de clissoirs ou pilules... »

Sur nos fronts, notez bien, brillent de la santé
Le duvet, la fraîcheur, le feu de la gaîté.
Néanmoins on nous pousse en un réduit immonde :
D'un affreux drapeau jaune on nous signale au monde
Comme atteints de phthisie, enragés dangereux,
Grangrenés jusqu'au os, poitrinaires, lépreux,
Soupçonnés de folie, ayant sous l'épiderme
Des maux les plus affreux le plus terrible germe ....

Ainsi la déclaré le CONSEIL DE SANTÉ !

Sachez bien que Marseille est en salubrité.
Sachez bien que ses fils, livrés à l'allégresse,
D'un commerce béni, font fi de la détresse,
Qui tient en quarantaine un pauvre voyageur
Dont, par cette violence, on tarit le bonheur.
Mais qu'importe au Conseil ? Il n'est pas de puissance,
Pas de raisonnement, qui le mette au silence !

« Moi, Grand Conseil de Naple, en mon docte savoir,
Je soupçonne, en ces jours, la Peste au venin noir,
Dit-il en s'éveillant, de nous venir de France !
C'est un pays perfide, où règne l'arrogance,
Qui rêve le désordre.... Eh bien ! à la raison
Essayons de le mettre, en jetant en prison
Ses touristes surpris... Vive la Quarantaine !
Faisons du Lazaret, pour eux, Croquemitaine !
D'ailleurs le Lazaret, — qu'entre nous il soit dit, —
Nous a coûté bien cher pour l'avoir recrépi !... (1)

Un beau petit impôt de... vingt ducats, par tête,
Nous donnera, Seigneur, moyen de faire fête,
Au Lazaret d'abord heureux de ce butin,
A nous, l'occasion... de quelque bon festin !... »

J'espère bien, Sancho, j'espère, Don Quichotte,
Qu'à ce récit, soudain, vous aurez une botte
A porter au Conseil !.... Ah ! vous voulez parler?
Fâchez-vous, mes vaillants, sans trop vous essouffler.

« Noble et savant Conseil, va chercher tes barettes :
Sur tes yeux obscurcis assure tes lunettes ;
Regarde : Dans tes murs, la gale et le typhus
La teigne *et cætera* répandent leur virus.
Le peuple en ses haillons offusque le touriste :

---

(1) Il est notoire à Naples, et les livres qui traitent de la matière en font foi, que c'est un moyen fréquemment employé, à Naples, pour battre monnaie, quand l'argent manque, que de soumettre les voyageurs à des vexations aussi injustes que criantes.

Ce qui fuit le regard... se devine à la piste...
Au physique, au moral, ici, de la laideur
La plèbe est un miroir qui révolte et fait peur.
On rougit au contact de tant d'ignominies :
On se croit le jouet d'infâmes gémonies :
Ta peste, la voilà ! Purge donc ta cité
Avant de prendre à cœur le soin de leur santé.
Car, s'il est en ces lieux besoin de quarantaines
C'est pour vous... que l'on n'ose approcher sans mitaines.
Sachez-le, mes Seigneurs, quand vous fermez les yeux,
Quand vous trouvez meilleur un impôt odieux
Taillé sur l'étranger, tout-à-coup mis en cage,
Qu'un accueil amical, et bienveillant et sage,
Le Français vous apprend la grandeur, la bonté....
Le bon ton, l'élégance et la civilité
Le distinguent de vous, imbus de convoitise,
Et dont l'argent et l'or sont toute la devise.
Quoiqu'il en soit, Messieurs, louange à vous, honneur !
Des étrangers joyeux éteignez le bonheur :
A défaut de talent montrez du despotisme,
Puisque chez vous, hélas ! il n'est d'autre héroïsme.
Mais, par ce noble armet ! tout entier l'univers
Saura que vous avez l'esprit tout de travers ! »

Bravissimo, Sancho ! Bravo, mons Don Quichotte
Maintenant, et sur ce, qu'ils dansent la gavotte.
Jusqu'ici sans vergogne et sans nulle pudeur,
Qu'ils sachent donc enfin ce que vaut un censeur !

Cependant du cachot, sur nous, les sombres portes
Pour dix jours ont grincé. Des gardiens les cohortes
Nous apportent la planche, et le faix de maïs,
Qui sera notre banc, qui sera notre lit :

La lourde cruche d'eau, puis l'indigeste pâte
De leur macaroni, que tout chacun se hâte
De jeter aux poissons.

« — Captifs, bonsoir ! Guérissez-vous !
Mangez, buvez, chantez, dansez jusques au bout ;
Ou bien jeûnez, pleurez, dormez, tout à votre aise
Nul ne vous blâmera... Pourtant, ne vous déplaise !
Préparez, mes agneaux, la belle toison d'or
De vos ducats, sans quoi pas un n'ira dehors
Au grand jour du départ... Un peu de complaisance !
Votre captivité nous donne de l'aisance...
Eh ! parbleu ! n'est-il pas honnête de s'aider
Sur cette pauvre terre ?

« Ainsi de nous railler !

Nous voici donc parqués, comme au Jardin des Plantes
Les animaux, jouets des enfants, des servantes.
Chacun, dans sa prison, va, vient, rampe en son coin.
C'est d'un horrible ennui de vivre en un recoin,
Car en dix jours, hélas ! combien de lentes heures !
Pour les tromper encor s'il était quelques leurres ?
L'un destine et prépare un chef-d'œuvre certain :
L'autre écrit ses douleurs sur un patient vélin ;
Celui-ci dit au vent la phrase musicale
Qu'inspire à son génie ou des nuits l'astre pâle
Ou le flot sur la grève. Au déclin du long jour,
En vers harmonieux, cet autre, avec amour,
Chante la liberté !... Tous, baillant la matinée,
Baillent encore à l'heure où finit la journée.

Gardons-nous toutefois d'être ingrats, mes amis.
De la captivité je peins les longs ennuis,
Mais je dois dire aussi la suave jouissance,
Que procure le Ciel aux enfants de la France.

Il va de par le monde, en guise de courrier.
Une fille légère, aimant à babiller,
Car, pour causer, elle a, ne plus, ne moins, cent bouches
Toujours en mouvement, et d'horribles yeux louches,
Qui ne laissent rien perdre, ici, là, furetant,
Et de tous les humains les secrets emportant,
Pour les dire.... partout. Madame Renommée,
Tel est son nom, dans son ardeur accoutumée.
Nous voyant à la diète, abreuvés de chaudeaux,
Mangeant d'un noir brouet, n'ayant pour tous tableaux
Que de hideux forçats ramant sur les galères,
Dans Naples se hâta de dire nos misères.

Dès-lors tout fut changé. Le moment du repas
Chassa pour nous bientôt, le chagrin, le trépas.
Comme aux festins d'Horace on nous couvrit de roses;
On nous fit un bazar des plus suaves choses.
Des femmes — la femme est l'ange du sol maudit;
Vinrent nous présenter les dons du Paradis :
Des Abbruzes le vin, du gibier, des lazagnes,
Les fruits d'or de Sorrente et les fleurs des montagnes.

Alors avec patience, on attendit des Cieux
La liberté promise, et, le feu dans les yeux,
  A la France, aux Napolitaines,
  En dépit de nos Qurantaines,
  On adressa mille chansons
  Dont je redis les plus doux sons :

Arrière à la mélancolie,
    Buvons !
A nous, appelons la folie,
    Dansons !
Vibrantes cordes de la lyre,
    Sonnez !
Chœurs joyeux d'enfants en délire,
    Tonnez !

    Amis, trinquons,
    Amis, disons
De la belle Patrie
Les plus jolis refrains :
A la France chérie
Un salut à deux mains !

A cette heure, Sancho, maintenant, Don Quichotte,
A l'œuvre, mes Vaillants ! Que partout l'on chuchotte,
En lisant LE PASQUIN : Otez donc la.... culotte
Au Conseil de Santé ! Qu'on le cingle et le frotte,
Afin qu'en sa mémoire il prenne bonne note
Qu'un gai Français n'est pas de ceux qu'on emmenotte !

                              VALMER.

A MADEMOISELLE AGLAÉ GILLOUX, A TOULON.

La soif de l'inconnu. — Un romantique incompris. — Comme quoi de doux pensers calment d'amères douleurs. — Naples vue du golfe. — Où l'on embouche la trompette épique. — Hymne en l'honneur de la belle Parthénope. — Comment et pourquoi l'on médit du Vésuve. — Naples pris au daguerréotype. — Où un gendarme court risque de piquer une tête dans la mer. — Du Lazaret à Naples par le *Tunnel du Pausilippe*. — Qu'est-ce qu'un *Corricolo* ? — Sortie du tunnel. — Eblouissement vertigineux. — Photographie des Quais de Naples. La *Merginella* et ses mœurs. — Ce que c'est que la *Riviera di Chiaja* — Le jardin de la *Villa-Reale*. — Aspects de *Victoria* et *Chiatamone*. — Le *Largo di Santa Lucia*. — Physionomie du lieu. — Où les oreilles souffrent et où les yeux s'écarquillent. — Les *Aquajoli*. — *Ravioli!* — *Alici! Alici!* — L'Hôtel de Rome. — Fontaines sans eau. — Interruption des quais. — Le Palais du Roi. — L'Arsenal, les Ports, la Darse, les Casernes. — *Castel dell'Ovo*. — *Castel Nuovo*. — *Sant Elmo*. — Le quai de la *Marinella* achevant la ceinture du golfe. — La *Strada di Toledo*. — Tableau. — Peinture des rues de la Ville-Basse. — Les bureaux de loterie. — Les chaises à porteurs. — Le *Largo del Mercato*. — Une noce plébéienne — *Strada del Porto*. Ses excentricités. — Bombes et feux d'artifices. — Le *Corso de la Chiaja*. — Le soir à Naples. — L'inconvénient d'avoir un lit sans moustiquaires.

Naples, 29 août 185...

Tu sais combien j'aime le mouvement et l'agitation, ma chère cousine ; je t'en ai donné des preuves au classique jeu de boules, dans la grande allée des cyprès, à ta Bastide du Cap-Brun. Doux souvenirs ! Mais ce que tu ignores peut-être, — je dis peut-être, car je dissimule très-habilement ce défaut, — c'est que je suis curieux, très-curieux... Ne me trahis pas ! Je te l'avoue, à toi, parce que tu es ma confidente. Or, il me faut toujours du nouveau. Ce que j'ai déjà vu m'assassine si on me le représente : j'ai soif de l'inconnu. Tu comprends bien qu'il s'agit des choses et... non des personnes. Je ferais mille lieues pour voir un objet ignoré. Ce défaut s'allie parfaitement, tu le vois, avec ce besoin de locomotion, de tourbillonnement et de rotation dont je suis tourmenté.

D'autre part, l'ami Valmer, que tu ne connais que trop, car combien de fois ne nous a-t-il pas battus au susdit jeu de boules, l'infâme ! — l'infâme s'applique à M. Valmer et pas au jeu de boule, dont je raffole, — l'ami Valmer, dis-je, a une infirmité que tu ne devinerais jamais. Maintenant que j'ai entamé le chapitre des révélations, je vais tout te dire. L'ami Valmer, donc, est de la révolution de 1830, il est romantique. Tâche de bien comprendre ce mot. A ce titre, il a Paris en horreur à cause de ses démolitions et de la métamorphose qu'on lui fait subir. Il pleure les gargouilles qui s'alongeaient en gouttières ; il regrette les toits à pignon qui dentelaient l'éther bleu. On le voit se promener dans les rues Thibault-aux-Dés, Glatigny, Vide-Gousset, du Puits-qui-parle, de l'Arche-Marion, Pierre-Lescot, Cocatrix et bien d'autres, pour y chercher des quiquengrognes, des tarasques et des salamandres désormais introuvables. Pleut-il ? Le soleil darde-t-il ses feux ? il veut se réfugier sous l'auvent de pierres des antiques demeures; mais plus rien ! Souvent il rôde, comme une âme en peine, autour de Notre-Dame pour y contempler les dernières ogives et les dernières rosaces que partout ailleurs fait tomber le marteau des démolisseurs.

— O Dieu ! s'écrie-t-il, dans son indignation, il n'y a plus que des Vandales ici !...

Le digne homme a pris en haine la ligne droite que l'on crée partout : c'est dire qu'il exècre la rue de Rivoli. Comme à moi du nouveau, il lui faut, à lui, des lignes torses, des lignes courbes, des zig-zags à n'en plus finir et à se perdre. Et quand, pour se mieux rappeler son vieux Paris, si poétique avec ses tourelles, ses poternes, ses rues tordues, anguleuses, ses carrefours, ses vieilles basiliques, ses charniers et ses cloîtres, il va se promener dans les ruelles de Saint-Jean de Beauvais, Galande, Charretière, de la Huchette, et de la Juiverie, en la Cité, il faut l'entendre soupirer :

— Que sont-ils devenus mes Clers de la Basoche? Où êtes-vous, mes gentils *escholiers* de la rue du Fouarre?

Or, ma très-chère Aglaë, M. Valmer, dans une telle haine du Paris Impérial de Napoléon III, et moi dans la démangeaison d'aller, de venir, que je t'ai dite, nous nous sommes enlacés bras dessus bras dessous, et nous avons pris, le 15 de ce mois, et pour la quatrième fois, le chemin de l'Italie. M. Valmer adore l'Italie, et, dans l'Italie, il est en extase devant les plus vieilles bicoques. Tant plus elles sont noires, enfumées, étroites, sans air et sans espace, tant plus il jubile. Dieu sait le bonheur qu'il se promet à Naples et à Rome, but de ce voyage.

A tout ceci j'ajoute une grande nouvelle : Ma bonne mère s'est enfin décidé à venir avec nous... Juge de mon bonheur!

A toi, fille de la mer, et vivant sur ses rivages, je ne dirai rien de la traversée. L'élément liquide a respecté nos délicates constitutions. Mais apprends que nous arrivions allègres et joyeux, en face de Naples, lorsque le plus affreux contre-temps est venu nous plonger des hauteurs du ravissement dans les bas-fonds d'un ignoble Lazaret. O ma belle cousine, puisses-tu ne jamais connaître les émotions d'un pareil mécompte! Quand je me suis vu, moi, gymnasiarque par excellence, condamné pour dix jours, comprends-tu? dix jours de Lazaret! — à un repos absolu, dans une cellule étroite, dans un vrai cachot, la fureur me saisit. Je voulus écrire à l'Empereur, au Pape, au roi de Naples... Je m'écriais :

— Muse du Pamphlet, coiffe ton bonnet phrygien, brandis ta pique et chantons la Marseillaise! A moi, P. L. Courrier, à moi, Cormenin, à moi, Rouget de l'Isle, à moi, C. Delavigne. Prêtez-moi vos traits et vos flammes, que je dise à l'univers les motifs de ma colère! Aux armes, montagnards! Apportez-moi vos capsules et vos tromblons! Que le tocsin sonne! Que les lampions s'allument! En avant! Voici qu'un Conseil de Santé, assis sur des sacs de ducats, gorgé du vin de la cupidité, veut nous dépouiller de nos écus! Oh! mais cela ne se passera pas sans égratignures! Au moins, si ces gens nous dépouillent, qu'ils nous laissent notre liberté!...

Puis, me promenant sur un long balcon qui domine la mer, et me trouvant là en face de Capri, d'Ischia, de Procida, îles bleuâtres, verdoyantes, capitonnées de villas, et surtout si calmes; en regard de la baie de Baïa, dont les ruines parsèment les collines; de la ville de Pouzzoles, de celle de Baïa, et de mille merveilles rappelant les plus curieux souvenirs de l'antique gentry de Rome; enfin voyant ma mère pieusement résignée, et M. Valmer promenant son télescope sur tout le panorama que je viens de dire, je me tus, et me repliai sur moi-même, chose rare, très-rare! je le dis franchement.

Alors le jour se fit dans mes souvenirs. M'apparut ta Bastide, la Bastide de ton bon père, ce frais retiro où Léonide et toi vous avez passé votre enfance sous l'aile de votre excellente mère. Je revis les grands ifs à l'ombre desquels nous avons tant de fois récapitulé les espiègleries de notre jeune âge ; l'allée des cyprès si souvent témoin de nos jeux ; les figuiers, les alisiers dont les fruits savoureux nous faisaient attendre patiemment l'heure du repas ; l'aloës, dont chaque feuille, comme le livre du cœur, porte gravés les noms de ceux que j'aime : je me sentis ébloui par la vive lumière de l'horizon si rutilant, si vaste, si vert, qui encadre votre domaine ; et surtout je fixai les regards de mon âme sur vos visages à tous, si bons, si gais, si empressés à nous complaire. Cette vision magique occupa tellement mon esprit et mon cœur, elle rafraîchit si parfaitement mon âme, qu'à mon tour je me trouvai disposé à subir le supplice infligé. Seulement je me promis bien de vous visiter vingt fois par jour de la sorte, sinon pour rire avec toi, comme un certain dimanche soir, au dîner de famille, au moins pour vivre plus joyeux au contact des pensées que me laisse votre tendre affection. De ce moment les jours se sont écoulés lentement, d'une façon paisible : ma mère, notre ami et moi, nous parlions de vous, et l'heure de la liberté a sonné, alors que nous prononcions encore vos noms chéris.

Figure-toi que le vapeur qui nous avait amenés de France, tout d'abord nous avait portés jusqu'à Naples. Nous avions été faits prisonniers au moment même où, du beau milieu du port, nous contemplions le lever du soleil sur le site merveilleux que l'on nomme *Goife de Naples*, et qui, sous l'aube d'abord, sous les feux de l'aurore ensuite, puis sous les rayons toujours croissants de l'astre du jour, semblait sortir une seconde fois de la main du Créateur.

Les Napolitains ont dit avec orgueil de leur belle cité :

— *Vedi Napoli e poi muori! Voir Naples et puis mourir!*

Certes ! je veux bien admirer le golfe, la ville et les splendeurs de Naples ! mais je refuse de mourir... Au contraire, je veux vivre ! Je veux vivre pour connaître et admirer tout ce que l'Auteur des mondes a créé de riche et de beau...

En effet, ma chère cousine, jamais imagination de poète n'a rêvé réunion de beautés plus splendide et plus riche que celle réalisée par Naples, son golfe et les monts qui forment son bassin. Ciel pur, doux climat, sol varié. Ici, vertes campagnes ; là, riants bocages d'aloës et de myrthes, d'orangers et de térébinthes : partout, gracieuses ondulations de collines serpentant à fleur d'eau à l'entour de la baie, comme pour servir d'avenue à l'antique Parthénope. Aussi le voyageur qui arrive du large, aspirant avec délices les vagues senteurs dont embaument l'air les parfums de Sorrente, à droite, et de Pausilippe, à gauche, voit-il avec admiration la mer s'enfoncer capricieusement dans les terres, et creuser une foule de petites anses et de profondeurs gracieuses, le long de ces charmants rivages, dont chaque point culminant porte des palais, des villas, des temples ou des ruines pittoresques. Il laisse derrière lui des îles qui, comme des mouettes légères, rasant la plaine humide, voilent déjà, dans la brume d'or d'un ciel brillant, leurs profils fièrement découpés. Il passe au milieu d'autres îles d'une verdure incomparable, car elles renferment d'anciens volcans assoupis qui les fécondent. C'est *Ischia*, qui se dresse sur les flots, semblable à une large pyramide à deux pointes, arrondie à sa base. C'est *Procida*, véritable corbeille de fleurs tombée du ciel et livrée au caprice des eaux. C'est *Capri*, affectant la forme bizarre d'une chèvre gigantesque, accroupie sur les vagues qui la bercent et l'endorment. D'un côté, après le *Cap de Misène*, le *Golfe de Baïa* creuse un golfe profond que décorent ses ruines, qu'embellit *Pouzzoles*, et sur lequel les souvenirs de l'histoire font planer de radieuses ou mélancoliques images. Puis vient le *Promontoire* et la longue *Chaîne du Pausilippe*, dentelant le ciel bleu de ses sinuosités verdoyantes, de ses villas somptueuses, et des ruines merveilleuses de ces demeures illustres dont les échos redisent encore les grands noms de Cicéron, de Virgile de Pompée, de Marius, de Cornélie, de Pollion, de Lucullus et des Césars. De l'autre côté, c'est l'autre chaîne plus romantique encore peut-être, qui s'étend de *Castellamare* à *Sorrente* et de *Sorrente* au *Cap Campanella*. Villes et hameaux groupent leurs blanches maisons sous la haute ramure et le luxuriant feuillage d'arbres séculaires étagés sur les montagnes. Les festons des pampres qui les décorent, courbés en arceaux, et agités par une brise incessante, leur donnent un air de fête perpétuelle. Partout où une plate-forme se montre, où un vallon se creuse, où un torrent ruisselle, une bourgade étale ses églises, ses châteaux, ses villas, ses chaumières. Ici et là, les barquettes et les chaloupes de ces villages aériens se balancent sur le flot de la grève. Et puis les routes, des routes blanches et sinueuses, y montrent, par intervalles, leur longue écharpe, que voilent mystérieusement les ombrages épais de bois d'orangers et des forêts de citronniers toujours en fleurs, en même temps qu'ils sont chargés de fruits verts et constellés de pommes d'or. Enfin, sur tout cet ensemble de sublime et grandiose paysage, la plus opulente nature, un climat fortuné répand à pleines mains la variété des sites, la splendeur des perspectives, l'éclat du coloris, la transparence d'une lumière éblouissante. On y admire surtout cette incommensurable nappe d'eau azurée qui s'étend, joyeuse, animée, étincelant de rayonnements dorés, sous un ciel prestigieux et d'un bleu d'outremer tel que nulle part ailleurs on n'en peut voir d'aussi beau.

En face de lui, mais nageant dans les vapeurs légères d'un lointain qui se rapproche, éteignant les diverses assises de ses quais, de ses rues, de ses môles qui l'appuient, des dômes qui la dominent, des forteresses qui la couronnent et l'entourent, le touriste contemple Naples, mollement livrée au doux nonchalcir qu'elle aime, baignant ses pieds dans la mer, et la tête paresseusement appuyée sur les hautes collines, antiques cratères, éteints désormais, du *Vomero*, de *Sant'Elmo*, de *Capo-di-Monte*, etc.

Mais ce qui attire irrésistiblement son regard, c'est la montagne qui se montre à l'orient de la ville, et dont le vaste sommet pourfendu, effondré, déchiré comme par l'explosion d'une mine formidable, a dispersé ses décombres sur ses larges talus. Ce qui absorbe sa curiosité, c'est, tout à côté, cette même montagne, élargie des décombres de sa tête tombée, qui élève et qui porte avec orgueil vers le ciel un cône de cendres et de scories, d'où s'échappe une énorme aigrette de fumée, en forme de pin colossal, dont les entrailles mugissent et tonnent, et qui, par ses cratères vomit d'horribles traînées de laves incadescentes qui forment ses flancs. Ce qui fait battre son cœur c'est le nom de Vésuve qu'il a tant de fois prononcé et qu'il peut à cette heure appliquer au géant de feu qu'il a devant lui, et dont dix-huit siècles de durée n'ont pas encore amoindri les fureurs. Mais alors il se demande comment il est au monde des créatures assez indifférentes pour leur vie, assez peu désireuses du repos, assez confiantes dans l'avenir, pour oser planter leurs tentes au pied même de ce volcan, si redoutable et si fantasque. Il ne peut sans un étonnement, joint à une profonde mélancolie, suivre de l'œil cette longue caravane de maisons de plaisance, de délicieuses villas, de demeures princières, qui, sur les déclivités de l'abime, pouvant d'un moment à l'autre lancer le feu, la torture et la mort, semble s'avancer philosophiquement à la ruine sous le nom fleuri de *Portici*, de *Resina* de *Torre del Græco*, etc.

Tels sont les aspects magiques qui charment le touriste en même temps qu'ils l'étonnent... Donc, j'étais en extase devant Naples, comme tu le vois, et, des beautés de nature, passant aux œuvres de l'homme, de notre navire qui stopait en face du môle, je regardais, dans le port militaire, ses frégates, ses goëlettes, et un ou deux navires de guerre dont les matelots étaient à la manœuvre; dans le port marchand, j'examinais les gabares, les chaloupes, les péniches et les vaisseaux de toutes les nations qu'entouraient des centaines de barques venues de terre, comme des bandes d'oiseaux affamés, pour en recevoir ou y porter les marchandises ; enfin, je contemplais les balancelles et les paquebots à vapeur arrivant ou partant, lorsque j'avisai la longue flamme jaune, tombant de notre grand mat, qui me rappelait la triste vérité, à savoir notre condamnation au Lazaret !

Déjà la vie, une vie fébrile s'était emparée de tous les habitants riverains de la mer. Sur les dalles blanches des quais glissaient, comme des flèches, au risque de s'abattre vingt fois, les *calessini*, les *corricoli* et les mille voitures de la cité; déjà, quoique à distance, nous étions assourdis par le bruit et le tapage qui s'élevaient de la ville éveillée et de ses rues turbulentes et criardes; déjà, muni de ma lunette, je pouvais voir les gestes extravagants, les courses furibondes et les luttes joyeuses des lazzaroni, peu ou prou vêtus, groupés sur les carrefours de la Marinella, et s'agitant comme si quelque tarentule avait piqué tous ces écervelés, lorsque notre paquebot gémit, sa vapeur poussa un long soupir, et le bâtiment tourna sur lui-même. Hélas! cent fois hélas! au nom et par ordre du maudit Conseil de Santé, on nous enlevait à notre vision fantastique, si radieuse, si nouvelle pour nous, si émouvante, et on nous conduisait à la prison qu'on appelle Lazaret, situé auprès de l'île de Nisita, ancien volcan, jadis théâtre historique sur lequel Cicéron eut une entrevue avec Brutus; où Jeanne Ire se cacha pour fuir la haine de ses sujets, et qui vit repousser le duc de Guise, d'une tour, à cette heure servant de bagne... Méditer pendant dix jours et dix nuits, en face de la mer qui, le soir, s'illumine des plus riches phosphorescences, ou dont les vagues sont sillonnées par des barques de lazzaroni qui pêchent aux flambeaux, et en face des forçats rouges et jaunes qui rôdent autour de nous, c'est long, bien long, trop long! Qu'en dis-tu, cousine? Mais ces mauvais jours ne sont plus...

Quand vint le moment de la sortie du Lazaret, hier, à huit heures du matin, et qu'on nous fit passer en revue par le médecin auquel chacun dut donner quatre piastres, pour des visites qu'il n'a pas rendues, le timide personnage! jamais clairon sonnant la diane, jamais trompette appelant au boute-selle, jamais tambour battant la charge, ne virent pareille ardeur à la débâcle. Palsambleu! comme j'y allais pour mon propre compte. Une barque nous attendait pour traverser le bras de mer: je me jetai dans le bachot, mais, pas trop d'empressement, je tombai sur la poitrine de vénérables carabiniers du roi qui, spéculant sur notre joie, faisaient chorus, avec les douaniers, pour nous tendre la main et nous demander humblement *una piccola moneta*, quelques petits sous, comme disent nos savoyards, sous le prétexte de ne pas exiger nos passeports et de fermer les yeux sur nos bagages. Je les fis chavirer, les misérables ! et l'un d'eux faillit piquer une tête dans la lagune en voulant rattraper son chapeau. Bref, sur le rivage, à la pointe du Pausilippe, nous montons dans une calèche que nous ont envoyée des Napolitains auxquels nous sommes recommandés.

La voiture, bien attelée, part au grand trot, longeant le versant du Pausilippe opposé à celui que baigne le golfe. Nous suivons l'ancienne *voie Antonienne* qui jadis unissait Rome à Naples; et nous laissons à notre gauche le lac Agnano et la Grotte-du-Chien. Une longue et belle avenue de hauts arbres nous conduit rapidement au village de *Fuori-Grotta*, adossé au Pausilippe. Ce nom de Fuori-Grotta veut dire *hors de la Grotte*. Déjà nous avons rencontré sur la route les véhicules napolitains appelés *corricoli*, ces étranges voiturins attelés d'un seul cheval, haridelle efflanquée le cou chargé de grelots, la tête ornée de plumes fanées, de clinquants et de petites images de la Vierge, et, du reste, courant comme le vent, sans dire gare ! Sur l'unique siége de cet atroce véhicule, six personnes, dont invariablement un ou deux moines occupent la plus large place, quatre se tiennent debout, comme nos laquais, sur une planche fixée à l'arrière; quatre autres sont en califourchon sur les limons; enfin, comme la véritable science consiste à bien disposer les choses, un filet à larges mailles est placé en hamac par-dessous la voiture, jusque sous la queue de la bête, et là, dans un groupe indescriptible, grouillent deux ou trois gamins et autant de femmes. Seulement, en égard au nuage de poussière dans lequel se balancent ces infortunés, fort joyeux néanmoins, il faut avoir bonne vue pour les distinguer. J'ajoute que le cocher couronne et domine l'ensemble, droit comme un J derrière le tout, conduisant à grandes guides par-dessus les têtes, et plaçant dans son fouet les jambes de son cheval. Tel est le corricolo ! J'espère que ma description te fait voir très-nettement cette curieuse pyramide roulante de seize à dix-huit corps humains. Non-seulement nous nous croisons avec bon nombre de ces corricoli qui conduisent leurs pratiques à Pouzzoles, moyennant un carlin, trois lieues pour quarante-cinq centimes ! mais aussi nous voyons chevaucher ici et là avec un nonchaloir parfait, sur des ânes ventrus, de bons religieux, des femmes dans leur costume de fête, et de braves paysans qui vont au marché. Déjà aussi, dans les quelques *cases tratorie* qui bordent la route, et surtout dans le village de Fuori-Grotta, nous avons vu au-dehors et au-dedans des maisons, des statuettes, des peintures et des images grossièrement enluminées de Madones avec leurs chapelets, et leurs petites lampes constamment allumées. Déjà, enfin, nous avons contemplé, non sans stupeur, de ces détails de toilette, accomplis au grand jour, qui nous révèlent l'étrange excentricité de la population napolitaine.

En tournant à droite, nous voici sous un tunnel, qui n'est autre que la *Grotte de Pausilippe* ou *de Pouzzoles,* au choix

Le tuf volcanique de la colline composée d'un amalgame de petites pierres *pouzzolane* a été ainsi creusé en tunnel, dans l'antiquité la plus reculée, par les Cimmériens, habitants primitifs de cette partie de l'ancienne Campanie, disent les uns; par les Romains, disent les autres. Les mieux instruits affirment que le percement de Pausilippe fut confiée à l'architecte Cocceius, envoyé par Agrippa, afin de faciliter les communications entre Naples et Pouzzoles. Sénèque et Strabon en parlent dans leurs ouvrages. Au moyen-âge, la croyance populaire attribuait ce travail aux enchantements de Virgile, dont on faisait un terrible magicien. Toutefois, sous les Romains, le tunnel était loin d'avoir la hauteur que lui fit donner, en abaissant le sol, Alphonse I d'Aragon, au xve siècle. Pétrone dit même que la voûte était tellement surbaissée à certains endroits qu'il fallait s'incliner pour passer. En effet, on voit dans toute la longueur du souterrain, un peu plus haut que le milieu de son élévation actuelle, les traces profondes qu'ont creusées dans la pouzzolane les moyeux des chars romains. On a donc adouci de plus de moitié la pente de la voie Antonienne qui, pour y aboutir, devait gravir une montée fort raide, surtout du côté de Naples. Ce tunnel est long de sept cents mètres, large de vingt-quatre, haut de vingt-cinq à ses deux extrémités, mais beaucoup plus bas à l'intérieur, de sorte que, quand la route n'était pas encore mise au niveau actuelle, on devait, vers le centre, toucher facilement la voûte. La grotte est éclairée par vingt-quatre reverbères qui brûlent jour et nuit. Sans cette précaution, le bruit infernal des voitures dans le souterrain très-sonore, et le nombre des voyageurs à pied, à cheval, à âne, ainsi que des bestiaux, causeraient souvent de très-graves accidents, qui ne laissent pas d'être encore assez fréquents, à cause de la rapidité de tous les véhicules qui ne veulent jamais ralentir leur allure. Ici, disons-le desuite, la police n'a pas la moindre action. Elle est invisible d'ailleurs, et ne s'occupe que de politique. Tuez-vous, mais ne conspirez pas ! telle est sa devise. Rien de plus fantastique que ce tunnel de Pausilippe. A droite, à peu près vers son secoi... ..ers, du côté de Naples, on a creusé une chapelle que dessert un ermitte Un peu plus loin, aux pieds d'une Madone, se tient un frère quêteur, capucin qui vous montre son plat de cuivre en nazillant le *una piccola moneta* ! mot souvent répété à Naples et dans les environs. On nous dit que l'orientation du souterrain est telle qu'à la fin de février et d'octobre, le soleil couchant se montre parfaitement, d'une extrémité à l'autre du tunnel, qu'il inonde de ses rayons, ce qui est d'un effet magique.

A la sortie de la grotte, alors que le grand jour et le soleil éblouissent et qu'on respire plus à l'aise, saluez bien bas, car là, sur votre droite, sur ce plateau taillé dans la pouzzolane de la colline, vois-tu cet antique *columbarium* à demi voilé par des rameaux verts ? C'est le tombeau de Virgile ! C'est d'après ce tombeau, de nos jours fort élevé au-dessus de la tête des passants, que l'on peut juger combien on a surbaissé la route, puisqu'il était anciennement au niveau du chemin.

Couvrez-vous bien vite maintenant, et prenez votre air le plus grinchu. Ne voyez-vous pas les douaniers qui vous arrêtent et font mine de vouloir effondrer vos valises ? Ne vous effrayez pas : ils vont devenir serviles jusqu'à l'ignominie. Tant plus vous serez dédaigneux, tant plus ils se feront petits. Regardez cette main qui se présente :

— *Una piccola moneta !*

Donnez vite et achetez la liberté de passer au prix de deux ou trois carlins.

A présent déridez-vous, souriez, dansez, chantez ! vous êtes à Naples ! Naples se profile devant nous. Voici la mer à notre droite ! A notre gauche, le blanc quartier de *Pizzo-Falcone*, étagé sur des hauteurs ! Voici que nous foulons les dalles *du quai de la Mergellina*. Ici, à droite encore, *Eglise de Piedigrotta ;* là, à gauche, long rideau des palais qui bordent les quais, en face du golfe. Là bas, ligne du *Corso de la Chiaja* ; entre la Chiaja et la grève du rivage, avenue fleurie du jardin charmant de la *Villa Reale ;* et puis *Quais de Vittoria, de Chiatamone ;* et puis, *Château de l'Œuf,* plongeant dans les vagues, ainsi qu'un navire armé en guerre, et puis *quai de Sancta-Lucia,* et enfin *de la Marinella.*

Attention ! le spectacle commence...

Sur la Mergellina, quartier des pêcheurs, parmi des monceaux de pastèques, appelés ici *cocomero,* de melons d'eau, de concombres, — des pyramides d'oranges, de limons, de citrons, de montagnes de raisins noirs et blancs, de tables chargées de poissons de toutes sortes, — paysans, mouchoir au front en guise de turban, chemise laissant à découvert une poitrine plus ou moins velue, culotte de toile blanche s'arrêtant aux genoux, jambes nues, pieds nus, bras nus, tempêtant, maugréant, braillant, piaillant, débarassant leurs ânes des fruits, des légumes, ou de la marée entassés sur les bâts, — nombreuses matrones napolitaines, dégingandées, visage de grenadier au retour d'une longue campagne sous l'équateur, têtes nues, cheveux au vent, crânes à moitié pelés, les poings sur des hanches sans crinolines, hurlant leurs denrées, criant, aboyant, gesticulant comme les télégraphes d'autrefois ; — sur les portes, femmes débraillées épeluchant, au soleil, les crins de leurs enfants pour en purger les taillis des hôtes incommodes qui y elisent domicile; — jeunes filles se peignant indolemment et disposant avec le plus de coquetterie possible le sommet de leur édifice humain sans s'occuper de l'aménagement des étages inférieurs, voilà pour la Mergellina. Encore faut-il semer ce premier coup-d'œil de frères quêteurs, la besace au dos, la tabatière à la main, offrant à droite et à gauche la poudre précieuse qui doit servir de talisman et faire ouvrir les bourses, donnant-donnant ; — de mendiants, en quel costume, Seigneur ! oh ! Callot, Callot, que n'es-tu donc là avec tes crayons !... de mendiants, exhibant de fausses blessures, se plaignant de douleurs problématiques, et racontant des accidents apocryphes ; — de bateleurs faisant des tours de gobelet et poussant l'adresse de l'escamotage jusqu'à vous prendre votre bourse en vous tournant le dos ; — de soldats retroussant leurs moustaches et se drapant dans leur justaucorps de... coton bleu ; — et enfin de forçats, oui, de forçats, vêtus et coiffés de jaune les uns, ce sont les voleurs ; de rouge les autres, la couleur du sang, ce sont les assassins, et on les estime dans le pays, ces *bravi*, note bien, Aglaë ! Or causant, fumant, batifolant, riant, disant le bon mot et faisant le calembourg, ces drôles balaient les dalles, suivis à distance par quelques gardes suisses qui ferment les yeux au soleil, en reposant leurs loisirs sur la baïonnette d'un fusil, en vérité bien trop lourd par une telle chaleur.

Mais voici la Chiaja : — prononce Kiaïa. — Avançons. Ici, palais et grands hôtels : Palais du Prince de Salerne ; palais de celui-ci, palais de celui-là... Hôtel de la Grande-Bretagne, Hôtel de l'Univers, Hôtel Vittoria, Hôtel Crocelle, Hôtel Bellevue, Hôtel des Étrangers. Comment n'aurait-on pas mis là les plus riches palais et les plus somptueux hôtels, quand de ce point merveilleux on découvre toutes les splendeurs du golfe, et quand, entre le flot de la grève qui murmure et le bruit de la rue qui montre, le soir, ses ébouriffantes toilettes de gala, se trouve un éden délicieux en vérité, la longue et verte émeraude appelée Villa-Reale ? Les équipages attendent dans la rue, mais sous les épais ombrages de la Villa-Reale se font, le matin, les promenades sentimentales de grandes et sèches ladies et de pâles et blondes misses qui écoutent causer la vague. Pour attraper quelques schelings, au lieu de guinées qu'il espère toujours, *Poltruccio*, coiffé du feutre mou, relevé en cornes à la façon du chapeau de Pierrot, son sosie de France, fait grimaces et gambades, tout en hurlant *la Carolina* et en s'accompagnant du tambour de basque. Il est flanqué de deux instrumentistes qui s'escriment à qui mieux-mieux sur les cordes de leur violon et de leur mandoline. Un peu plus loin, de Vittoria à Chiatamone, des musiciens des Abruzzes soufflent dans leur *zampogna* et dans leurs clarinettes à se faire jaillir les yeux de la tête, les malheureux ! Enfin, dans un coin et sous les fenêtres d'une vieille duègne qui veut se rappeler ses beaux jours, de jeunes Calabrais et des Calabraises, aux pittoresques vêtements, dansent l'ébouriffante tarentelle dont je ne me charge pas de t'expliquer les prestes mouvements, les étranges provocations, et l'étourdissante agilité.

Sur le quai ou la rivière de Chiaja, — on appelle rivière, rivière de Gênes, rivière de Chiaja, la partie la plus voisine de l'eau, — la *Strada di Chiaja* commence, en faisant un angle droit avec le quai, et gravissant la colline qui fait face au golfe, dans un parcours tortueux d'abord, puis direct ensuite, se glisse à travers une foule de carrefours vers la place du château et va se jeter dans la grande Strada di Toledo. C'est dans l'angle formé par les deux quais de Chiaja et de Vittoria, et la rue de Chiaja, que se trouvent les plus fameux marchands de coraux, dont Naples fait un commerce spécial.

A Vittoria et à Chiatamone, le quai se permet d'étranges zigzags : il a tout au plus une largeur suffisante pour permettre à deux voitures de ne pas se heurter. Le Castello de l'Ovo, demeure des forçats, est bien un peu cause de ses irrégularités ; mais ne lui cherchons pas querelle : il est de taille à nous répondre, il compte plus de cent gueules... de canon qui s'ouvrent pour vous dévorer.

Respirons largement, car arrive le *quai de Sancta Lucia*, prononce Santa-Loutchia. A la bonne heure ! il y a de l'air et du soleil ici, et voici un quai comme on les aime, large, joyeux, animé, populaire, turbulent même, et par fois orageux. J'ai raison de dire orageux, car c'est bien le tonnerre qui y gronde en ce moment ? Non, pas le moins du monde : c'est tout simplement une décharge successive de 250 boites, mises en rang, devant l'Eglise *Santa-Maria-della-Catena*, et que l'on tire en l'honneur de quelque saint dont on célèbre la fête. Quel vacarme ! Comment les chevaux qui passent au beau milieu de cette pétarade ne s'effraient-ils pas au point de prendre le mors aux dents ? En vérité, un cheval de nos fiacres de Paris, les braves bêtes ! ne résisterait pas à ces explosions formidables, et les chevaux de Naples, pleins de verve et de feu, comme leurs maîtres, n'ont pas même l'air de s'apercevoir que la bourre des boîtes leur brûle le ventre. Ils ne font pas le plus petit écart, tant est grande la force de l'habitude ! Il paraît que c'est vingt fois par jour que, tantôt devant une église, tantôt devant une autre, les saints reçoivent de ces aubades tonnantes. Du reste, voici qu'on prépare en l'honneur du même patron une illumination qui promet un éclat éblouissant, et un feu d'artifice auquel rien ne manquera. C'est là, nous dit-on, l'un des grands bonheurs de la population napolitaine, et la plus *forte* expression de sa piété.

A Santa-Lucia, nous sommes sur le quai des vendeurs de *Frutti di Mare*, des fruits de mer. Tout Naples peut se montrer à ton imagination, ma chère cousine, rien que par ce quartier, l'un des plus animés de cette bruyante cité. Le quai est large, mais eu long, et cependant que de choses ! N'est-elle pas appétissante cette marchandise qui se présente sur 200 tables en plan incliné, renfermée dans de petites corbeilles plates garnies d'algues marines ? Ce sont les huitres de Fusaro, le *cano lichio*, la truffe dans sa coquille blanche, le *vengolo*, la *patella reale*, etc. A côté de cette écaillère bouffie, un vieux petit homme a établi un fourneau en terre et fait cuire des polypes, délices du lazzarone, qui aime les polypes à l'égal du macaroni.

— *Alici ! Alici !* crient cent voix de pêcheurs réunis de tous les points du rivage.

Et le peuple et les bourgeois s'empressent autour de ces boutiques approvisionnées de petites sardines fraîches et sans écailles que chacun emporte dans des cornets de papier.

Je te fais grâce des autres produits de la mer, d'autant plus volontiers que, si j'aime le quai de Santa-Lucia, ce n'est point à cause de ses frutti di mare, dont l'aspect visqueux me révolte. Regarde, à cette heure, la belle fontaine en marbre qui décore le milieu du quai : mais, hélas ! n'y cherche pas l'eau fraîche qui pourrait te désaltérer. Cette fontaine, ce gracieux monument, décoré de bas-reliefs et de statues, est sans eau ! Elle ressemble à certains êtres aux gracieux visages, qui n'ont pas d'âme. D'ailleurs, tu serais avec moi et tu voudrais boire, qu'alors je te dirais :

— Descends cet escalier qui s'achemine vers la grève de mer; mais au lieu d'aller au rivage, pénètre sous le quai creusé en souterrain ; là, pour un grain, — quatre centimes, — on te donnera un grand verre d'eau minérale fort salutaire, et dont les Napolitains font grand cas, à en juger par la longue procession de passants qui vont s'y rafraîchir, surtout le dimanche.

Mais j'aimerais encore mieux te conduire à un *acquajolo*. On appelle acquajolo un marchand d'eau. Rien n'est plus brillant que son étalage. Sur quatre colonnes dorés s'élève un espèce de dôme en cuivre, décoré de branchages et de banderolles de toutes les couleurs. Le dôme abrite l'image de la Madone entourée de nombreuses statuettes de Saints et tenant entre ses bras le divin *Bambino*. Le reste de l'étalage exibe des citrons de toutes les grosseurs, des oranges de Nocera, des limons de Sorrente, des mandarines de Palerme, et, rangés avec ordre, des gobelets de cristal, des bocaux de fruits, et des flacons d'*Aqua di Sambucco*. Voulez-vous de l'eau pure ? Un grain. Désirez-vous qu'on exprime le jus d'un limon, d'une orange ou d'un citron dans l'eau crue ? Deux grains. Préférez-vous de l'eau de Sambucco, eau d'anis tout simplement ? Un grain. Tu vois qu'on se désaltère très-agréablement à peu de frais. Dans les strades populeuses il y a des acquajoli à chaque coin de rue; dans les quartiers moins animés, on en compte toujours quelques-uns.

Avez-vous faim ? Allez au marchand de *ravioli*. C'est un petit pain croustillant et délicieux.

Aux vendeurs de frutti di mare, d'acquajolo, de ravioli, et de fruits de tous les climats, si tu joins les acheteurs, les flaneurs et les buveurs d'eau minérale, les lazzaroni qui, sans vergogne, et dans l'état où Adam fut créé, se jettent à l'eau et prennent leurs ébats sur le rivage, ainsi qu'une multitude de petits drôles qui font l'école buissonnière, et ils n'en ont pas d'autres à faire, tu auras nécessairement une foule considérable réunie sur le *Largo di Sancta Lucia*. Mais comme tout ce monde s'agite, crie, hurle et semble toujours en fureur ! C'est à être assourdi et à porter les mains aux oreilles pour en préserver le tympan. Dans l'après-midi, à Santa-Lucia, le bruit augmente et ne cesse plus. C'est un brouhaha qui n'a ni commencement ni fin. On croit que la nuit venue, le calme se fera. Ah bien oui ! Le vacarme augmente de tous les paresseux du quartier. Personne ne parle : toute cette multitude beugle. Les hurlements ne suffisant pas pour se faire entendre, on y ajoute la pantomime. Il n'est pas au monde de peuple plus tapageur. Il vit dans la rue : la rue est à lui, elle lui appartient, c'est son domaine. C'est là qu'il s'amuse, c'est là qu'il discute, c'est là qu'il fait ses affaires. La rue est son salon, sa bourse, sa cuisine, sa salle à manger. Il est chez lui et reçoit ceux qui veulent lui parler, le cherchent. On en voit qui s'abordent l'œil en feu, le poing en l'air, la fureur sur le front : on croit qu'ils vont se heurter, se battre, s'entrassassiner. Point. Ils se donnent la main : l'affaire est conclue, le marché terminé. Toute cette canaille dépenaillée, buvant, mangeant, hurlant, gesticulant, porte sa saleté et ses souquenilles aussi gaîment que le roi sa couronne. C'est à rester stupéfait en face d'un tableau digne des truands de la Cour des Miracles.

Tu crois que nous sommes arrivés au plus haut degré de l'excentricité dans cette peinture du Largo Santa-Lucia ? Pas le moins du monde. Ici c'est toujours de plus fort en plus fort. Aussi, après que je t'aurai dit que sur ce quai, d'une physionomie si originale, il est un hôtel du premier ordre, l'Hôtel-de-Rome, qui, par exception, est construit du côté de la mer, dont les eaux pures baignent le pied de sa belle terrasse, tu me laisseras y choisir un appartement bien situé. Après quoi, je te conduirai au cœur de Naples.

Donc, ma bonne mère installée dans le plus délicieux retiro, je suis tout à toi. Cheminons, ma toute belle.

D'abord, apprends que les rues ont ici des noms que je dois te définir. Les plus larges de ces rues s'appellent *Strada*. On donne celui de *Via* ou de *Rua*, mot provenant du français, alors que nos princes de la Maison d'Anjou occupaient la Campanie, aux voies de moyenne grandeur ; mais on nomme *Vico* toutes celles qui aboutissent à une artère principale ; *Vicolo* les ruelles, et *Sotto-Portico* les rues qui passent sous des portiques. Une rue monte-t-elle ? on la désigne sous le nom de *Salita*, quand elle conduit hors de la ville ; et *Calata*, quand elle fait partie de la vieille cité, à l'orient, vers le port. Si ces rues sont formées d'escaliers, alors elles prennent la désignation de *Gradoni*. Enfin, les places ne sont plus appelées Piazza, comme dans le reste de l'Italie, mais *Largo*, à cause du large espace qu'elles occupent en avant d'un monument quelconque. Ce fut seulement en 1792, que l'on donna des appellations propres à chaque rue et que l'on numérota les maisons. Le pavé se compose de larges dalles volaniques sur lesquelles roulent à merveille les carrioli et les calessine, mais qui menaceraient de tuer vingt fois par jour les pauvres chevaux, s'ils n'avaient pas un pied tellement sûr qu'il est rare de les voir tomber

Saluons, en passant, la petite *Eglise de Santa-Lucia*, qui donne son nom à notre quai, et qui est assise côte à côte avec l'Hôtel-de-Rome. Après elle, vient immédiatement *l'Arsenal de l'Artillerie*, dont on peut voir les marins faire dignement sentinelle à la porte. Admirez aussi cette autre *fontaine* de marbre, placée dans l'angle de l'équerre que forme le quai. C'est la plus belle de Naples. Trois satyres portent sur leurs têtes une grande conque dans laquelle se pavane Neptune, appuyé sur son trident. La vasque immense qui reçoit ce groupe est ornée de figures de Tritons, de Néréides et de Dauphins dont la bouche est constamment altérée ? Pas la plus petite goutte d'eau !

A partir de l'arsenal, dont on domine les cours basses remplies de canons, le quai est interrompu jusqu'au-delà du Môle, et on cesse de longer le golfe. Mais, de la terrasse qu'il offre au passant pour se diriger vers la place du Palais-du-Roi, on peut voir l'ensemble de vingt obstacles qui cause cette interruption. C'est, en premier lieu, le *Palais-du-Roi*, vaste quadrilatère, percé de mille fenêtres à persiennes vertes, et, du côté de la mer possédant des plates formes, chargées de fleurs, d'arbustes exotiques et d'orangers. La demeure royale domine *l'Arsenal*, les *Casernes*, la *Darse*, les *Parcs d'Artillerie*, le *Port Militaire* et le golfe. C'est ensuite, à l'est, le *Castel-Nuovo*, image de notre Bastille, *le Môle*, masse énorme de pierres qui avance dans la mer et sert au débarquement ; *le Port marchand* et, enfin, la *Marinella*, qui redevient quai.

Pour le moment, prenons à gauche et pénétrons sur le *Largo di Palazzo Reale*. Cette place est immense. Une des façades du palais, avec un riche et somptueux balcon, la décore d'un côté ; de l'autre, elle montre à l'œil une ample rotonde dont l'entablement est soutenu par dix colonnes ioniques de quarante-huit pieds de hauteur. De chaque côté de cet édifice, s'étend, en éventail, un portique en forme d'hémicicle, composé de quarante-quatre colonnes de basalte. C'est la *Basilica di San Francesco di Paola.* Sa fondation est due à l'accomplissement d'un vœu que fit Ferdinand I, lors de la domination française de notre Napoléon I.

En avant de l'église s'élèvent deux statues équestres colossales, en bronze, représentant Charles III, le grand roi de Naples, et Frédéric I. Les deux chevaux et la statue de Charles III sont de *Canova*, *Cali* est l'auteur de la seconde statue.

Lorsqu'on a traversé ce largo reale, on voit, attenant à la troisième façade du palais du roi, un édifice grandiose qui se détache de la masse principale et avance considérablement. C'est le fameux *théâtre de San-Carlo*, réuni au palais, et l'un des plus grands et des plus somptueux de l'Europe.

Mais laissons sur notre droite le palais et le théâtre : pénétrons dans cette rue fort belle et longue d'une demi-lieue, qui fait face. C'est la *Strada di Toledo*, la rue de Tolède, la plus belle, la plus riche et la plus grande de Naples, celle qui sert de Corso à l'époque du carnaval. Sous la domination espagnole, de 1532 à 1554, le vice-roi d'Espagne, l'illustre don Pèdre de Tolède, combla les fossés de la ville ancienne, et, sur l'emplacement des fortifications construites par nos princes d'Anjou, éleva cette voie opulente qui occupa dès-lors le milieu entre la vieille ville, à l'orient du golfe, et la nouvelle cité qui se forme au couchant, au-dessous et dans le pourtour du château Saint-Elme, et dans le voisinage du château de l'OEuf. Comme toutes les belles rues des grandes villes, elle est bordée de trottoirs, pavée de dalles, bordée de riches boutiques, fournie de bon nombre *d'osterie* et de *trattorie* pavoisée d'images de la Vierge peintes sur d'immenses banderoles flottant au travers de la rue, montrant à toutes ses fenêtres des têtes curieuses, agaçantes, et sillonnée par une multitude disparate, diaprée, excentrique, dans laquelle on reconnaît surtout l'élément napolitain, c'est-à-dire ces fils de Parthénope, ces tapageurs descendants des Grecs, cette engence si hardie, si vive, si spirituelle, si mobile, si apte à tout, et si pleine d'entregent que c'est à se mettre en colère, comme Juvénal, lorsque sa langue se délie, qu'elle vous assiége de ses lazzis, et vous suffoque de ses offres de service. Je défie l'imagination la plus audacieuse et la plus éveillée de se représenter le tohu-bohu qui règne dans cette rue.

A Tolédo, le tumulte se produit dans toute sa frénésie : c'est un pêle-mêle que rien ne représente. Des moines de toutes couleurs sillonnent les habits noirs, s'agitent parmi les plumes des duchesses ; le casque du soldat étincelle entre les brunes chevelures des femmes du peuple ; de très-petits abbés au manteau de soie, soulevé par la brise et en tricorne posé sur l'oreille, frôlent les longues tuniques grecques des filles de Procida ; des files de lazzaroni glissent à côté des soutanes rouges du cardinal évêque et des robes violettes de ses vicaires ; des élèves de pension, au frac noire, et coiffés du chapeau à claque, se croisent avec les bataillons de petites écolières qui s'avancent en procession et chantent des cantiques qui vous font dresser les oreilles et frémir ; des habits rouges de fantassins suisses et des habits bleus de soldats napolitains produisent, dans la foule bigarrée, l'effet de coquelicots et de bluets dans les blés de la plaine ; des enfants déguenillés passent entre vos jambes et se dressent devant vous pour vous tendre la main ; des poules, oui, des poules, sautent d'une fenêtre sur votre épaule dont elles font un perchoir; des porcs, oui, des porcs, mais de jolis porcs, au poil fin et gris souris, se frottent contre vos molets en gagnant le vicolo voisin ; des femmes hideuses, dont quelques cheveux gris ont peine à voiler la laideur, s'accrochent à votre bras pour obtenir votre aumône. Pendant qu'un grenadier de la garde royale, en haut bonnet à poil, trop empressé, vous coudoie d'un côté, et vous fait tourner sur vous-même, de l'autre, un maçon, qui descend de son échafaud, pose son emprunte sur votre paletot vert-russe. Ici, on sort d'une église, et la cataracte vivante vous engloutit dans ses flots. Là, on se précipite dans le *Mercato di Montoliveto*, et la marée humaine vous entraîne malgré vous au pied de la statue en bronze du roi Charles II. Ensuite paraît une estafette emplumée qui galoppe sur un grand diable de mulet ; la bête vous serre de si près que tout son poil change votre manche en une fourrure épaisse. Gare ! voici le plus déterminé corricolo qui trace un sillon dans cet océan de corps ; au lieu d'aller au pas, il presse le galop de sa haquenée à grands coups de fouet, dont vous évitez difficilement les entrechats. Attention ! ce n'est plus un corricolo, mais une berline attelée de quatre chevaux empanachés qui descend du *Museo Borbonico*, et qui écarte violemment la foule sans s'occuper des accrocs. Quel est cet horrible cri, poussé avec rage et, qu'en vingt endroits déjà j'ai entendu, non sans frissonner ?

Hian ! Hian ! Hian !

De quelle voix gutturale étranglée peut-il provenir ? De la gorge d'un ânier qui chasse devant lui dix baudets chargés de montagnes de légumes. Est-ce donc là un cri humain ? Jamais encore aussi horrible exclamation n'a brisé mon tympan ! En vérité, je ne me trompe pas, voici bien un forçat vêtu de rouge, un assassin.

noblement assis dans une calèche, et fumant gravement son cigare, pendant qu'un soldat, le fusil en bandoulière, se tient debout derrière la voiture, comme un valet de pied. Est-il possible que mes yeux ne subissent pas une hallucination ? Mais non. D'autres forçats, là, sur les marches de la *Chiesa di Jesu nuovo*, folâtrent, causent avec les marchandes de ravioli, boivent de l'aquajolo, mêlent leurs bonnets jaunes et rouges aux longues nattes noires des jeunes filles, et jamais habitant du bagne et gens privés de leur honneur et de leur liberté n'ont paru plus indifférents à leur sort, que dis-je? plus joyeux et plus satisfaits d'eux-mêmes. Cette fois, c'est bien une révolution qui éclate à Naples ; écoute ? Quel bruit de bombes ! Est-ce la fusillade qui commence ? Quel carillon de cloches! Serait-ce le tocsin ? Quel roulement de tambours ? Bat-on la générale ? Et quelles explosions de voix ! Assurément la guerre civile, une émeute éclate ici ou là ? Nullement. C'est la fête de Santo Ludovico, et, au salut dans cette église, la musique au dedans, au dehors les boîtes, en haut les cloches, en bas les fidèles, célèbrent à leur façon, et chacun dans son genre, la gloire du bienheureux. Oh ! silence... Voici l'enterrement d'une jeune fille, avec la blanche bannière de la Vierge voilée du crêpe de deuil, et de longs rangs de pénitents noirs, bleus, blancs, le visage masqué, le capuchon sur la tête, et sur les épaules de ces derniers, le cercueil porté sur une estrade chargée de fleurs. Mais le cercueil n'est pas fermé : au contraire, la victime de la mort est là, sortant à moitié de sa bière, comme si elle voulait rentrer dans la vie et ses agitations. Regarde comme ses longs cheveux débordent en boucles épaisses, comme son visage paraît encore animé. Quoi ! on lui a mis du fard pour rendre ses joues vermeilles ? Que n'a-t-on ouvert aussi les yeux pour mieux rappeler l'existence? Cela fait mal de parer ainsi la mort, cette pâle fiancée d'un cadavre que l'âme a déserté !... Quelle leçon pour les jeunes filles qui entourent le cercueil et en tiennent, presque en riant, les longs rubans immaculés !

Voilà, ma chère cousine, la rapide esquisse d'une heure passée dans la foule, sur la Strada di Toledo.

Enfonçons-nous maintenant dans l'inextricable dédale de la ville basse, de la Cité plébéienne. Là, c'est bien un autre méli-mélo. Suis-moi, sans frissonner, et aspire les sels de ton flacon, quand le dégoût te prendra au cœur ou que ton cerveau se croira le jouet d'un songe odieux.

Dans ces strade ou vicoli du vieux Naples, étroites, serrées, anguleuses, tatouées de carrefours, de murs verdâtres, lézardés, en ruines ; portant aux fenêtres des lambeaux sans noms effrontément étalés ; drapant en guise d'auvents, de tentes ou de jalousies d'immenses pièces d'étoffes rayées de toutes les couleurs ; sans trottoirs, sans refuges d'aucune sorte pour le piéton, le peuple laborieux s'est emparé de la rue, le seul endroit où il se trouve à l'aise. Là, plus de berline, ni de calèches, ni d'estafettes à cheval ou à mulet, mais des corricoli sans nombre, mais des voiturins, mais des charrettes, mais des âniers et leurs ânes, mais des bouviers et leurs bœufs. Alors, d'une part, au beau milieu du chemin s'étale le serrurier avec son enclume, sa forge, ses marteaux, ses pinces et le fer qu'il travaille au risque de vous incendier ; de l'autre, le menuisier couvre l'espace de ses établis, de ses planches, de ses rabots et de ses varlopes ; le cordonnier tient gravement ses assises en avant de sa porte et donne ses audiences aux moines et aux servantes, entouré des apprentis qui forment sa cour ; l'épicier renferme toute sa boutique dans des caisses et des sacs qu'il échafaude sur la devanture de sa maison ; le perruquier place son chaland sous le plus beau rayon du soleil et fait fondre la neige de savon dont il charge la figure de sa victime sous les larges coupes de son rasoir; le pâtissier dresse des tables à l'ombre et les couvre de pyramides de gâteaux de toutes formes, en un mot tous les corps d'état, jouissant des mêmes droits, profitent des mêmes avantages. Voilà pour l'œil. Pour l'oreille à cette heure : le ferronnier fait grincer sa lime sur l'acier, ses aides battent l'enclume à coups redoublés ; les marteaux des ouvriers en bois retentissent sans relâche ; le savetier chante à gorge déployée, et son entourage fait chorus; le barbier raconte, et de quelle voix, et avec quels gestes ! Cent fois le nez du patient se trouve exposé à de furieuses estafilades ! Le boulanger crie son pain chaud; des porteurs de *Pizze*, galettes aux pommes d'amour, poivrées, pimentées à faire tomber un sauvage dans d'horribles convulsions, beuglent pour demander place, mais surtout pour appeler les amateurs qui sont nombreux. Enfin les bouchers, portant sur leurs têtes une moitié de bœuf, l'un, l'autre un veau dépouillé, un troisième un mouton sanglant à faire peur, s'avancent en braillant. Celui-ci tient à sa main le billot rouge de sang, celui-là les instruments du sacrifice. Si on les arrête, en pleine rue, l'étal et le débit de la marchandise se font à grande volée de couperet. Puis voici le friturier qui fait siffler son huile bouillante en plongeant un merlan dans sa poêle. Sa rude voix convie aux délices de sa cuisine ambulante, et on s'empresse autour de lui. Alors une odeur nauséabonde se répand dans la rue, le vent la promène, vous la pousse dans le nez, en imprégne vos vêtements de telle sorte que, le lendemain encore, vos amis peuvent soupçonner votre goût peu délicat pour les repas en plein air. C'est un spectacle et un concert indescriptibles. Avec cela les femmes allument leurs fourneaux, en appelant à grands cris leurs moutards, pour leur donner le brouet qu'elles préparent : des groupes de matrones se forment : elles parlent, ah ! non, elles mugissent, elles rugissent à vous faire sauver au loin. Comprends-tu l'effet du tableau ? Mille têtes remuent, mille corps grouillent, mille voix tonnent dans un rinforzando inimaginable : c'est un formidable imbroglio de gens et de choses.

Gare! gare! Voici des ânes!... L'âne joue un grand rôle à Naples. Voici des ânes qui courent au triple galop pour aller emplir leurs barils à la fontaine la plus proche. Un gamin, à califourchon sur le derrière de l'un d'eux, accélère encore leur rapidité à grands coups d'étrivières. Tant pis pour vous s'ils vous écrasent les pieds ou vous meurtrissent les flancs. Gare! gare encore! Ce sont un, deux, trois carricoli, avec leurs pyramides humaines, qui font un joyeux et brillant *Corso* tout au travers de cette mer d'hommes, de femmes et de denrées. Ne vous plaignez pas si vous avez une côte enfoncée, ou une épaule luxée ; pas un agent de la police ne se présentera pour vous faire rendre justice. Gare! gare toujours! Cette fois c'est une bande de bœufs... Sauve qui peut !

Jette sur cet assemblage des mères allaitant leurs enfants, agenouillées en groupes sordides; des moines, des moines toujours, gris, blancs, noirs, baisbrun ; en chapeaux, en calottes, la tête rasée; la ceinture de cuir ou la corde aux reins, qui vont, viennent, causent, prêchent à mi-voix, donnent leurs conseils, répondent aux questions, et tu te représenteras vaguement la physionomie de cette ville et de ce peuple, unique au monde, assurément.

Tu crois que j'en ai fini avec ce vacarme infernal, et ces rues criardes et tapageuses, avec ce tumulte de carrefours et places?

Non, ma chère. Et la *Strada del Porto*? Tu ne sais donc pas que c'est la pièce curieuse de Naples? Sans la Strada del Porto, tu n'as rien vu à Naples. C'est par elle que le touriste commence ses excursions : c'est dans cette rue que le philosophe vient chercher des émotions; à peine débotté, le voyageur accourt à la Strada del Porto. Les empereurs, les rois, les boyards, les caciques, les princes de tous les pays ne manquent jamais de lui rendre visite. Et pour eux, comme pour le duc de Brabant, l'autre jour, le premier soin est d'endosser un vêtement mystérieux et de venir... non pas souper à la Strada del Porto, mais étudier sa physionomie, ses mœurs, ses usages, ses habitants... Donc, en avant! à la Strada del Porto!

Nous sommes dans la ville basse, dans le vieux Naples : nous n'avons qu'à descendre vers la mer, car la rue du Port naturellement aboutit à la mer. Elle aboutit au Môle et met en communication le Môle, le Castello Nuovo et le quai de la Marinella avec la fameuse place du Marché, *Largo del Mercato,* où le Lazzarone Masaniello fit sa terrible révolution contre les Espagnols et leur tyrannie, où l'infortuné eut la tête tranchée après quelques jours de triomphe, où Conradin et Frédéric de Bade furent décapités, etc. Pour nous y rendre nous passons devant bon nombre d'églises fort curieuses à connaître, c'est vrai; voici même la cathédrale, *San Gennaro*, saint Janvier, le grand ami du Napolitain, mais ce n'est pas le moment de la visiter. L'ombre du soir tombe, la nuit vient, nous arriverons à la Strada del Porto pour l'heure favorable, celle du repas du peuple. Tu t'occupes de cette litière qui passe et dont la dorure t'éblouit, n'est-ce pas? Tu admires surtout la belle dame aux riches atours qui se fait porter ainsi par deux lazzaroni? Tu te figures peut-être que c'est la reine qui se promène incognito ou qui fait de la popularité? Détrompe-toi : cette litière est un véhicule de louage, et renferme tout bonnement une sage-femme qui va porter au baptême un nouveau-né.

Bien ! A présent ce sont toutes ces boutiques que l'on rencontre à chaque pas, dans Naples, qui t'occupent. Tu te demandes ce que signifient tous ces numéros gigantesques, imprimés en noir, en couleur, voire même en or, sur de larges pancartes, et qui mouchettent la devanture du magasin? Un bureau de loterie, une *Reali Lotti*, comme ils disent, rien que ça. Ici, la loterie est autorisée, recommandée. Plus tu y prendras de billets, plus tu feras plaisir au gouvernement : car, tant plus tu perdras d'argent, tant plus il en gagnera. Aussi la ville regorge de bureaux de loterie : chaque rue en compte deux ou trois; et le peuple donne dans le piège, il faut voir ! Pour un gagnant, dix perdants. C'est égal, personne ne se décourage ; la vieille matrone édentée jette son dernier carlin dans la gueule du monstre, et l'indigent y porte ses quelques grains. D'ailleurs les hypocrites n'appellent-ils pas la religion à leur secours, en étalant dans leur infâme maison de jeu l'image de la Vierge avec un brillant luminaire? Dès-lors, comment ce jeu serait-il une duperie? Et quand d'un bureau sort un numéro qui a fait gagner piastres et ducats à un pauvre diable, il faut voir comme on convertit le bureau en chapelle ardente, avec courtines d'or, draperies de velours et dentelles, le tout en l'honneur de Marie ! Enfin, pour leurrer ce peuple, regarde toutes ces amorces qu'on expose à ses yeux et devine l'emploi des ficelles. Au n° 710, on a joint cette légende : *Biglietto per gli amici*, billet ou numéro pour les amis! Au n° 2492, *Constanzza si vuole*. Soyez constant pour ce chiffre, et vous m'en donnerez des nouvelles! — Traduction libre. — Au n° 82, *Il buono*, voilà le bon! Et à ce n° 24, écrit en or, enrubanné, doré, mordoré, encadré, couronné, ce mot magique : *Il fulminanti*, le fulminant ! Celui qui fera sauter la banque du roi !

Encore ? Te voilà retenue par cette tourbe de gens qui s'ébaudissent autour de ces voitures ? Mais c'est la fille d'un pêcheur qui se marie. Il lui a fallu des équipages ! C'est bien le moins, une fois dans sa vie ! Vois un peu ; les chevaux sont parés d'aigrettes, de rubans, de houppes rouges et blanches, de tresses d'or et d'argent qui chatoient. Et ces grappes de grelots, comme elles teintent ! Et ces plumes de vautour, comme elles frémissent sous le vent du soir ! Et les voitures, comme elles font sonner les dalles en s'éloignant ! On court au festin, à la danse, à la joie ; et demain, l'époux sera nu dans sa barque, et la femme n'aura peut-être plus de bas aux pieds...

Voici la Strada del Porto ! prépare-toi au vertige. Elle est longue, elle est large, elle est haute, mais elle ne suffit pas au peuple qui la remplit du faîte des plate-formes aux dalles de la chaussée. Dix mille têtes aux fenêtres, sans compter les guenilles qui se balancent au vent, comme des drapeaux aux hampes ; sans compter les tendines foncées, ternies, trouées, qui les décorent ainsi que les balcons ; sans compter les madones peintes sur soie que la brise fait flotter ; sans compter les toiles qui recouvrent les éventaires et les étalages obstruant la Strada ; dix mille poitrines beuglant dans l'espace, et vingt mille pieds patangeant dans le fumier qui parsème le sol. Ici, un effort d'imagination pour bien saisir ce tableau. Pas un pouce de terrain qui ne soit livré aux marchands et à la populace qui les entoure. D'abord essaie de respirer dans la fumée, car ce n'est plus une rue seulement, cette Strada, c'est un vaste restaurant. Ce n'est pas seulement une cuisine, c'est une cheminée pélasgique, un laboratoire de l'enfer, un incompréhensible fourneau où le bois fume sur la dalle, où le charbon brûle entre les pierres, où la friture siffle, où la marmite bouillonne, où les casseroles mijotent et cuisent un ragoût sans nom, une taverne où l'on boit, où l'on mange, où l'on... Peste! comme dit M. Valmer; que n'y fait-on pas? Voici des hommes, et quels hommes! Des femmes, et quelles femmes! Des filles! Des enfants, des porcs, de ces porcs dodus au poil si lisse, dont je t'ai parlé, des vaches, des chevaux, des ânes, des chiens, des poules, des canards, et, avec toute cette ménagerie, des curieux, Anglais, Français, Allemands, Espagnols, des touristes de toutes les parties du monde, qui se démènent comme ils peuvent au milieu de cette horrible fumée, à la lueur de lampions rougeâtres, de lampes graisseuses; qui trébuchent parmi des monceaux de poissons visqueux, d'énormes concombres, de courges, de légumes de toutes les espèces; qui se bouchent le nez et se voilent la face en regard de pyramides de pieds de mouton, de fraises de veau, de foies de bœuf rouges, et qui le pied glissant, s'alongent quelquefois sur des couches de détritus impurs soulevant le cœur. Quelles clameurs aigues! quelles vociférations étourdissantes! quel remue-ménage inimaginable! Vraiment, c'est une scène de sabbat.

Approchons-nous de cette cuisine : Regarde cette main de femme rouge comme la patte d'un homard : elle harponne je ne sais quel mets dans la mer d'huile bouillant devant elle et le livre au consommateur, avide de le savourer du gosier comme il le dévore de l'œil. Ce sont des cuves de fonte que cet homme a devant lui : des nuages de vapeurs s'en exhalent; un bâton fumant est couché sur l'orifice du gouffre béant. Un chaland se présente : l'homme plonge le bâton dans l'abime gluant et en retire de grands filaments jaunes qui arrivent au-dehors à califourchon. On arrose aussitôt la marchandise brûlante d'un jus couleur de brique. C'est du macaroni qui est ainsi livré à l'appétit d'un lazzarone. Celui-ci consomme alors sa pitance sur place. Quel ingrédient peut donc renfermer cette marmite énorme posée à terre et sous laquelle flamboient des bûches de pin? L'amateur est arrivé, voyons. Une fourchette, digne de Gargantua, comme la marmite, s'enfonce dans le récipient qui murmure et chuchotte : on en tire une peau cartilagineuse que l'on jette sur une table de marbre. S'alonge un couteau, vrai frère de la fourchette : l'acier est trop long à couper, car l'artisan est plus prompt à engloutir l'aliment, que le fer à le trancher. C'est du gras double, mais pas à la mode de Caen. Sur cet ardent brasier rôtissent des sardines, cuisent des polypes, grillent des vongoli, s'éparpillent des mets indéfinissables, fument des ratas mystérieux, toutes choses qui trouvent des estomacs heureux de les recéler et d'en jouir. Vient le quartier des bassins de terre cuite vernissés aux couleurs violentes d'ocre et de cinabre, dans lesquels nagent et flottent d'autres denrées dont le cuisinier seul connaît l'amalgame. Passent, se croisent, se hèlent des pêcheurs portant sur leurs têtes et sous leurs bras des éventaires et des corbeilles de sparterie très-souples et fort en usage à Naples, dans lesquels la mer a mis de tous ses produits. Des vendeurs d'acquajolo, ayant aux reins le baril rempli de la précieuse liqueur; des paysans épeluchant des figues de Barbarie, fruit long et rond, couvert de petites épines semblables à celles des cactus dont ils sont le produit, et que les Napolitains apprécient plus que nous l'ananas; enfin vont et viennent des charrettes à bras avec force oranges, cédrats et citrons. Etendus sur des bancs, sur des restes de paille, dans le fumier de la rue, sur les marches des maisons, sur le rebord des murs en saillie, le peuple dîne ainsi. La consommation est effrayante.

Là aussi, la Reali Lotti a ses bureaux, et le matelot en liesse, le soldat en goguette, le lazzarone dépenaillé, et ce squelette chargé de loques, qui fut jadis une femme, vont y porter leur dernière monnaie.

Mais partons, éloignons-nous, car voici des ânes qui font irruption sur les dalles; j'entends des mulets qui arrivent à fond de train; déjà des porcs qui folâtrent m'ont frôlé de trop près, et puis la foule ondule et va se porter à *San Carlino*, son théâtre aimé, au *théâtre del Sebeto*, la scène des marionnettes, où nous n'irons pas avec lui. S'il ne faisait pas nuit déjà, je te conduirais à la Marinella, voir le lazzarone pur-sang; mais les ténèbres le cachent ou peut-être dort-il. Et puis mieux vaut le voir au grand jour. Donc, gagnons la Chiaja.

C'est le moment où se fait la promenade aristocratique, et sur le quai, et dans la villa Reale. Tant que luit le soleil, le Napolitain, grand seigneur, ne se montre pas : mais dès que baissent les ombres, il sort. Il a peut-être ses raisons pour ne pas aimer des rayons de lumière trop éclatants : on le dit un peu rapé. On prétend même qu'il s'enveloppe, d'ordinaire, dans une robe de chambre très-fanée, et qu'il jeûne et fait jeûner son monde, afin d'économiser et d'avoir voiture. C'est là son luxe à lui : il fait des chevaux et de son équipage son bonheur; n'est-il pas libre? On ajoute encore que dans l'impossibilité de faire les frais de ce luxe mobiliaire, une famille se réunit souvent à une et deux autres familles, et avec trois bourses on a enfin le bonheur de posséder l'équipage désiré, dont chaque famille jouit à tour de rôle. J'espère qu'il y a calomnie dans ces dires, et j'imagine que si le Napolitain reste enfermé le jour, c'est à cause de la chaleur du climat, et que s'il sort dans l'obscurité, c'est uniquement pour jouir des belles étoiles, des douces brises, et des parfums que donnent les nuits de ce firmament merveilleux. Ce qu'il y a de bien certain, c'est que nous trouvons à Chiaja de fort beaux équipages. Les voitures défilent lentement sur la chaussée, les cavaliers sur le trottoir sablé, et les piétons dans le jardin royal : on se regarde, on se salue, on parle l'un de l'autre. Quoi! le corricolo, lui aussi fait le Corso ? Oui, certes ! Qu'il est fringant, celui-là ! Ses harnais flamboient de plaques et de clous d'or; ses grelots sonnent à réveiller les morts; et des plumes mirobolantes ondoient sur la tête de son noble cheval de race. Quant aux Napolitains, assez jolies toilettes, assez gracieux minois, mais du feu sacré de la française, peu ou prou.

Quelle est cette explosion? Ah ! le feu d'artifice que l'on préparait ce matin devant les églises de Santa-Theresa et de la Madonna della Catena, comme on en prépare et comme on en brûle tous les soirs à Naples. Et l'illumination dans toutes les rues voisines de ces églises, j'espère qu'elle sautille ! En vérité, ces arcades, ces ogives, ces colonnes, ces pyramides, ces rosaces, ces festons de verres de couleurs sont d'un effet splendide. Mais regarde la mer, Aglaë : elle offre un aspect plus magique encore. C'est que l'illumination de la terre est allumée par la main des hommes, et celle de la mer par la main de Dieu. Que cette phosporescence des vagues est admirable! N'est-ce pas le plus sublime spectacle que voir ainsi la crête des flots s'illuminer d'une vive clarté bleuâtre qui s'éteint ensuite après l'affaissement et le brisement de la lame? Mille lumières surgissent tout à coup sur divers points du golfe, du moment qu'ils sont agités : ils s'étendent en longs rouleaux mobiles, jouent follement à la surface de la mer et disparaissent bientôt pour se rallumer ailleurs. Toute la frange du rivage ruisselle de feux. Chaque remous, en frappant la grève, semble pétiller et lancer des feux furtifs. Quelquefois c'est une nappe immense qui se déploie, toute constellée; quelquefois un serpent fluet qui se tord en ondulant, s'alonge, bondit et se perd au milieu des ombres. Il suffit du moindre canot sillonnant la rade pour provoquer tout autour de lui une illumination subite, et laisser à sa suite une longue traînée lumineuse. Une poignée de sable que l'on jette dans la vague fait sautiller toute la surface environnante, et chaque grain de la grève brille comme autant de perles. Qu'un lazzarone ou un pêcheur se baigne? Les gouttes d'eau qui couvrent le corps à la sortie de l'eau deviennent autant de paillettes d'argent.

Je viens de te peindre, bien imparfaitement sans doute, la curieuse ville de Naples dans laquelle je vais vivre pendant un grand mois, ma chère Aglaë : tu la vois des yeux de l'esprit, comme je la contemple des yeux du corps. Quand tu voudras, tu pourras m'y rejoindre par la pensée.

A ta bien-aimée famille, de ma bonne mère et de moi, mille baisers de l'âme. Pour le moment, je te dis bonsoir. Mais si ma plume te quitte, mon cœur murmure pour toi les plus tendres affections.

Ton cousin et ami
E. Doulet.

P. S. Hier, pour achever ma lettre, j'ai dû me servir d'une bougie, et laisser ouverte ma fenêtre du côté du golfe. Dix mille moustiques ont fait invasion dans ma chambre à coucher et ont pris leurs ébats cette nuit sur mon pauvre individu que ne protégeait pas la moustiquaire. Quand je me suis éveillé ce matin, je me suis senti le corps en feu sous les morsures de ces horribles bêtes. Mais quel n'a pas été mon effroi quand je me suis vu dans la glace. Dix-sept collines rouges sur ma face ! Mon nez porte surtout un certain mamelon qui flamboie comme le Vésuve. C'est M. Valmer qui fait cette comparaison. Juge de mon ennui...

À MON AMI ACHILLE ROYER, A PARIS.

Portrait du Napolitain. — Ce qu'il faut penser des Napolitaines. — Avec quoi, moyennant trois centimes, on mange, on boit et on se lave à Naples. — Qu'entend-on par *Lazzarone?* — Origine du nom. — Quelle est la chose. — Les Lazzaroni donnant un coup de main aux révolutions. — NAPLES. — Son berceau. — Un tableau cosmographiques, géographique, hydrographique, orographique et historique. — *Parthénope.* — Les drames de Naples. — Où l'on décapite deux enfants. — Les conséquences du meurtre. — Vêpres Siciliennes. — Dynasties napolitaines. — L'Athènes de l'Italie. — Comment, au lieu d'eau, un aqueduc amène des hommes. — La conjuration des Barons. — Charles VIII, de France à Naples. — Les trois Jeannes. — Le siège de Naples par les Français. — Origine de l'Inquisition. — Ce que l'on conte aux Lazzaroni pour troubler leur amour du *far-niente* — Masaniello. — La muette de Portici. — Le duc d'Arcos et les exactions espagnoles. — Mise en scène de la place du Marché. — Masaniello II. — Le 16 Juillet 1642. — Révolte des Lazzaroni. — Où un pêcheur pérore. — Fer et feu. — Comme quoi un homme des champs devient le dictateur d'une cité. — Une moisson de cent trente mille hommes sortant de terre avec armes et bagages. — Un drame en sept actes. — Où l'on coupe les têtes à la lueur des torches. — Le Triomphe. — La Démence. — La Chute. — La Mort. — La Sépulture. — Apothéose. — Comment il se fait que le Lazzarone n'est plus qu'un mythe.

Naples, 6 septembre 1835.

Quel peuple singulier que le peuple napolitain, mon cher ami ! Impossible, sans l'avoir vu, de savoir ce qu'il a de bouffonnerie, de gaîté, de finesse, d'astuce, de pénétration, d'adresse, d'esprit même. C'est une sorte de Grec dégénéré, qu'un climat heureux, une nature toujours riante, et la vie en plein air, mettent en une joyeuse humeur perpétuelle. Je parle du bas peuple. Chez le Napo-

Le Golfe de Naples.

litain, petit marchand, gargotier, pêcheur ou lazzarone, peu importe, le caractère semble d'une facilité sans égale : il est tolérant au possible. On voit des masses de peuples s'avancer dans les rues les plus étroites, à travers vingt obstacles et rester calme quant à l'âme; c'est en vain que la foule se heurte, se pousse, se presse se cogne, se froisse et que l'on piétine l'un sur l'autre; elle rit, elle bavarde, elle lance des bordées de lazzis et s'amuse de ce tumulte. C'est la nation la plus criarde et la plus bruyante qui soit sous le soleil ; quand la voix fait défaut à la poitrine, la gesticulation et la pantomime remplacent la parole. Vous entendez hurler partout, et partout vous voyez des bras et des jambes qui prennent les poses les plus violentes et les plus rapides. D'horribles clameurs éclatent derrière vous : vous vous retournez croyant qu'on s'assassine? Point : ce sont des *Facchini* qui se donnent la main parce qu'il y a longtemps qu'ils ne se sont rencontrés. Seulement, dans tout cet amalgame d'hommes et de femmes débraillés, dépenaillés, et dont les lambeaux qui les couvrent commettent mille indiscrétions, les mendiants pullulent. Gare à l'étranger qui se permet de circuler dans ces assemblements de tourbe populaire; on le reconnaît soudain. Qu'il veille bien sur sa montre et ses bijoux! Car on voit à peine le bout de son nez, qu'il est entouré, assailli, foulé, et souvent fouillé. On hurle et on beugle sans vergogne autour de lui. Celui-ci le brosse, celui-là frotte ses bottes ; cet autre veut porter sa canne; il n'est pas jusqu'à son mouchoir dont on ne prétende lui ôter la fatigue. Il faut qu'il se tienne, et au besoin qu'il frappe. Du moment qu'il aura joué du revers de la main, ou du pied, voire même du bâton, on le respectera comme un prince des Deux-Siciles. Les cochers, de leur côté, vont droit à lui et, pour le décider à user de leur véhicule, ils le serrent du cheval et des roues contre la muraille. Ailleurs, c'est un gaillard qui s'impose a lui comme valet, et trouve moyen de le suivre partout pour lui rendre mille petits services. Partout on cherche à l'exploiter. Et cependant, dans le fond, ce peuple est honnête et bon ; mais il ne résiste pas à l'occasion de gagner ou de prendre quelque chose un matin, ici ou là, dans le but de ne plus rien faire, le reste du jour, que s'étendre au soleil, grignotter ses lazagnes ou manger des pastèques. Il aime le *farniente* par-dessus tout.

Fort sale généralement, l'homme a, néanmoins, une belle tête, très-expressive. L'intelligence brille dans son regard. On fait aux femmes une réputation de laideur qu'elles méritent à un certain âge. Jusqu'à quarante ans, elles sont douées de traits réguliers, ont une expression de physionomie très-variée, et une grande vivacité dans les yeux. La plupart ont porté de beaux cheveux noirs qu'elles perdent de bonne heure, pour les avoir trop fatigués par coquetterie : car, jeunes, on les voit, le matin, sur leurs portes, au soleil, se coiffer les unes les autres avec une mutualité curieuse, une sollicitude de l'art et de l'agrément, et une adresse digne des plus habiles *frisori*, dont Naples regorge. Pour bien faire, il faudrait que tout ce peuple se plongeât dans le golfe ; il en sortirait plus pur qu'il n'y est entré, et aurait, au moins, cette netteté salutaire du pêcheur que la mer lave plus souvent qu'il ne voudrait peut-être. Quand cela leur arrive, il est curieux de voir ces braves gens faire usage de l'eau. Nous demeurons à l'Hôtel de Rome, et entre nous et le quai de Chiatamone, s'étend un autre quai passablement large et qui a ce nom, Largo di Santa Lucia. Du milieu même de l'esplanade qu'il forme, un escalier de pierre descend sur la grève. Là, on a établi des cabines de planches dans lesquelles les amateurs peuvent se déshabiller, pour ensuite se jeter à l'eau. Des ponts en voltiges permettent de choisir l'endroit le plus commode pour se livrer aux agréments du bain. C'est alors qu'il faut voir les Napolitains, mais surtout la marmaille de Naples se précipiter dans la vague, en sortir, s'y plonger, faire mille évolutions, en ressortir, et y rentrer encore, s'ébattre et hurler! Il n'est pas de tours que ces Peaux-Rouges ne se jouent, pas de de culbutes et de sauts périlleux qu'ils n'exécutent. C'est un vacarme à faire sauver les curieux dont l'oreille est par trop délicate. Note bien que j'appelle mes Napolitains Peaux-Rouges, car rien de plus couleur de briques, rien de plus bistré, que le cuir qui les relie.

L'amitié répand sur l'homme de si douces et de si suaves pensées, que je t'écris, mon très-cher, afin de me rafraîchir le sang. Hier, au soir, j'étais allé passer quelques heures, et j'avais conduit madame D... dans la plus étrange cohue. La scène se passait *in plano*, sur la Strada del Porto, au centre de la vieille cité plébéienne. Ce qui se débite là d'immondes victuailles ne peut se chiffrer. Mais imagine-toi que de tous les gargotiers, les plus gargotiers s'y donnent rendez-vous, s'y installent, envahissent la rue, y allument leurs fourneaux, entre trois pierres, leurs brasiers sur les dalles, et, qui dans la poêle, qui dans une marmite, qui dans d'énormes chaudrons, préparent des polenta sans pareilles, des aliments sans nom, des rata défiant l'appareil de Marsh, toutes choses que le peuple absorbe sur place, en piaillant, en braillant, en beuglant. Les vendeurs qu'on y rencontre le plus et qui vocifèrent le mieux sont les marchands de pastèques, sortes de melons chair rouge et fondante.

— *Co tre calle, vive, magne e, te lave la faccia!* débondonnent-ils de leur poitrine de fer, sans paix ni trêve.

Cela veut dire : Avec trois centimes, tu bois, tu manges et tu te débarbouilles la face !

En effet, avec les tranches de pastèques qu'ils débitent sans interruption à une foule avide et qui fait ses délices de ces fruits, il y a moyen de satisfaire ces trois besoins de la nature ; car l'amateur mord à même dans l'énorme et large tranche rose et juteuse. Ce qu'il y a de fâcheux dans cette consommation incessante, c'est que les mille écorces des pastèques, et bien d'autres reliefs, hélas ! jetés sur les dalles de la Strada, jonchent le sol et y forment une litière qui devient très-glissante. J'ai vu, hier, un Anglais tomber les quatre fers en l'air, de la façon la plus comique du monde. Notre gentleman de se mettre en fureur et de vouloir boxer ; et le peuple de rire, mais de rire comme jamais on n'a vu rire. Malheureusement c'est un peu dans tous les quartiers qu'on répand ainsi tous les détritus les plus... infâmes ; on les apporte même de l'intérieur des maisons sur le sol de la rue. Juge alors de la malpropreté de la ville, surtout dans les quartiers populaires et populeux. Mais à Naples, pas de police !

Or, rentré au logis, j'avais les oreilles tellement fatiguées et le corps si brisé par la foule, que je me couchai en hâte. Bast ! dormir à Santa Lucia ! Ce même peuple ne se trouve-t-il pas aussi sur le largo et le quai de l'Hôtel de Rome ? Parmi ses chants et ses clameurs, qui retentirent jusqu'à une heure du matin, n'entendais-je pas aussi, et à chaque instant, l'infernal et odieux cri des âniers, conduisant leurs bêtes : Hian ! hian ! hian ! mais poussé d'une façon si indignement stridente, si longuement prolongée, si affreusement gutturale, que, quand tu voudras te débarrasser de moi et me faire sauver, tu n'auras qu'à reproduire cet exécrable hian !

Eh bien! de ce peuple, il est une portion énorme à laquelle je m'intéresse et que j'aime : C'est le *lazzarone*. Sais-tu bien ce que c'est qu'un lazzarone?

Anciennement, à Naples, il y avait à peu près quarante mille individus des deux sexes, vêtus d'une simple chemise, qui vivaient dans des paniers d'osier, d'où ils ne sortaient que pour admirer le soleil ou pour travailler quelques rares instants de la journée. Beaucoup d'entre eux, dédaignant la mollesse des paniers d'osier, se couchaient sur les dalles des quais et de la rue de Tolède, et presque tous vivaient paresseusement à faire des commissions. Un autre grand nombre encore, attachés aux maisons puissantes de Naples, se faisaient les instruments aveugles des haines et des vengeances de leurs maîtres. Enfin, il y avait encore d'autres de ces Napolitains, dans les quartiers de la ville les plus voisins de la mer, sur le quai de la Merginella, et notamment sur le quai de la Marinella, et dans le quartier voisin del Carmine, qui vivaient du produit de leur pêche. Ces derniers restaient dans un état complet de nudité. On aurait dit des Sioux, des Peaux-Rouges, des Pawnies, de véritables sauvages. La peau cuivrée, le visage barbu, ces misérables faisaient peur. Belles formes du reste, gaillards taillés en Hercules. Les uns et les autres oubliaient facilement le passé, et, insouciant de l'avenir, ne pensaient qu'à satisfaire les besoins du moment. La facilité d'y pourvoir, la douceur du climat, la fertilité du sol, la nonchalance et la sobriété, propres aux méridionaux, enfin la négligence du gouvernement étaient les causes de cette apathie. Ces misérables tombaient-ils malades? On les envoyait à *Saint-Lazare*, c'est-à-dire à l'hôpital, dont tu sais que le Lazare, pauvre et couvert d'ulcères, de l'Ecriture, est généralement le patron. Quand ils sortaient de l'hospice, on les affublait d'une chemise courte, d'un caleçon plus court encore, et d'un chapeau de paille. Cet accoutrement donné par Saint-Lazare leur valut à tous le nom de *Lazzaroni*. Ces lazzaroni étaient la grande curiosité de Naples.

Nonobstant, le lazzarone n'a pas de lois connues ; il dort quand sa paupière le veut, mange quand son estomac le demande, boit quand son gosier a soif, se repose quand il a gagné quelques grains. C'est pour lui que la mer déferle sur la plage; c'est pour lui que le golfe a été creusé, que la création a été faite, que le soleil luit. Il l'absorbe par tous les pores. Il est paresseux, câlin, curieux au possible. Il est fier, il faut voir ! Soudain, passant du nonchaloir à la virilité, il lutte avec énergie, témoin le jour où je m'avisai de jeter par la fenêtre de notre Hôtel-de-Rome, quelques fruits, puis des reliefs de poulet, et enfin, une à une, des bottines de luxe quelque peu froissées par la lave. Les lazzaroni qui virent tomber cette manne du ciel, se la disputèrent à outrance. Celui qui, à la force du poignet, enleva les reliefs de la volaille, alla dévorer sa proie dans un coin, comme un chien hargneux. Malheureusement l'une des bottines échut à un rude joûteur, et l'autre à un lazzarone plus faible. Il s'agit bientôt de réunir la paire. Bataille ! Le faible, par attrait de la possession, triompha du fort, et ce fut un curieux spectacle de voir le drôle se fourrer les pieds dans la chaussure, la cirer incontinent, et ensuite faire la roue, comme le paon, sur le quai Sainte-Lucie ! Puis tous, de rire, de s'ébaudir, et de nous faire signe de leur expédier encore quelque défroque.

C'est ce lazzarone si humble, si doux, si patient, qui a pourtant fait, à Naples, les plus terribles révolutions. Tu n'aimes pas les révolutions, toi, cher ami, et sur ce point, tu ressembles à bien d'antres. Je vais toutefois te parler des révolutions de Naples. Prépare tes oreilles : on en compte pas moins de quarante à quarante-cinq !...

Avant d'entrer dans le vif de la question, recueille ces prolégomènes, mon très-cher; et, pour mieux en profiter, figure-toi que ton ami Valmer a endossé sa robe et sa barrette d'autrefois et que c'est du haut de sa chaire de professeur qu'il te parle, tout comme feu M. Dédé, l'illustre pédagogue de nos premiers ans.

— Au point de vue de la cosmographie, Naples est situé sous le 11° 55' de latitude septentrionale, et 40° 51' de longitude orientale. Elle est à deux cents quatre-vingt-dix lieues de Paris et à quarante de Rome. Sa population est de 420,000 habitants.

Au point de vue de la géographie, le royaume de Naples, situé dans la partie méridionale de l'Italie, est borné au nord par les États de l'Église, au nord-est par l'Adriatique, à l'est par la mer Ionienne, au sud par la Méditerranée, et au sud-ouest par le détroit de Messines, qui la sépare de l'Italie.

Au point de vue de l'hydrographie, le même royaume est divisé par l'*Apennin* en trois versants ; à l'est, celui de l'Adriatique ; au sud, celui de la mer Ionienne, et à l'ouest, celui de la mer Tyrrhénienne ou Méditerranée. La ligne du partage des eaux part du plateau des Abruzzes. Les principales rivières sont le *Liris*, le *Vulturne* et le *Garigliano*.

Au point de vue orographique, il est traversé dans toute sa longueur par la *Chaîne des Apennins*. Il contient l'extrémité méridionale de l'Apennin central, c'est-à-dire, le *Plateau des Abruzzes*, non moins remarquable par sa hauteur que par sa configuration.

Les sommets, le *Grand Sasso* et le *Monte-Valino*, sont couverts de neige, et ses flancs, revêtus d'immenses forêts de chênes et de pins, fournissent d'excellents bois de construction. Ses contreforts se partagent en une infinité de vallées, dont les populations, isolées entre elles, vivent à la façon des Clans de l'Ecosse.

Enfin, au point de vue de l'histoire, le royaume de Naples comprenait anciennement six grandes provinces :

Le *Samnium*, maintenant les Abruzzes, Principauté Ultérieure et Terre de Labour ;

La *Campanie*, Terre de Labour et Province de Naples ;

L'*Apulie*, La Pouille du moyen-âge, et aujourd'hui la Capitanate et la Terre de Barri ;

La *Messapie*, actuellement Terre d'Otrante ;

La *Lucanie*, Basilicate et Principauté Citérieure ;

Et enfin, le *Brutium*, de nos jours les Calabres.

Les peuples primitifs de ces contrées appartenaient à la *race Pélasgique*, conquise et soumise ensuite par des tribus de *race Osque*, véritable souche des peuples italiens. De nombreuses *colonies grecques*, établies sur les côtes des quatre dernières provinces, leur valurent le nom de *Grande Grèce*.

Conquise par les Romains, au III° siècle, avant Jésus-Christ, après les guerres des Samnites, ces six provinces restèrent soumises à leur domination, jusqu'à la chute de l'empire.

Alors, dans l'an 476 de notre ère, quand se fit l'invasion des Barbares, elles passèrent aux Hérules, puis en 489 aux Ostrogoths.

Enlevée aux Barbares par les généraux de Justinien, empereur d'Orient, en 553, l'Italie méridionale passa aux Lombards, en 568. Toutefois, les Grecs continuèrent à en posséder quelques provinces, la Pouille, par exemple.

Au XIe siècle, époque de morcellement général, l'Italie Napolitaine fut partagée en une infinité de petits états : le *duché de Bénévent*, appartenant aux Lombards : *La Pouille*, la *Calabre* et *Naples* ; aux Grecs, les *républiques de Salerne et d'Amalfi*, et la *principauté de Capoue*.

Ces divers états devinrent la conquête de Robert Guiscard et de ses Normands, qui fondèrent ainsi le *royaume des Deux-Siciles* vers le milieu du XIIe siècle.

Mais à ces dominations normandes succéda, en 1194, celle des Allemands, de la maison de Hohenstauffen :

Puis, en 1266, celle des Français, de la maison d'Anjou ;

Ensuite, en 1443, celle d'Alfonse d'Aragon, prince d'Espagne

Alors, disputé entre la France et l'Espagne, pendant toute la durée des guerres de l'Italie, le royaume de Naples demeura enfin à l'Espagne, de 1559 à 1743, qu'il fut donné par les traités d'Utrecht, à la maison d'Autriche.

Enfin, en 1736, il redevint un état indépendant, entre les mains d'une branche des Bourbons d'Espagne. Un moment transformé en république, vers 1799, par le fait des Français, alors en révolution et conquérant le monde, il retomba ensuite sous la domination des Bourbons d'Espagne, puis sous le sceptre de Joseph Bonaparte, frère de Napoléon Ier, et il échut à Murat, en 1808.

Mais, en 1814, les Français ayant dû évacuer Naples, les Bourbons d'Espagne furent rétablis sur le trône.

Dixi, j'ai terminé mon préambule de pédant, et j'entame, à cette heure, l'histoire de la très-fidèle ville de Naples, se révoltant jusqu'à quarante-cinq fois contre ses bons souverains.

Deux cent soixante-quatre ans après la guerre de Troie, c'est-à-dire vers l'an 1000 avant Jésus-Christ, des Phéniciens qui erraient sur la mer Tyrrhénienne, forcés de relâcher au pied des collines qui forment l'enceinte du golfe le plus vaste de cette côte, trouvèrent sur le rivage un tombeau solitaire. ΠΑΡΘΕΝΟΠΗ, tel était le nom gravé sur ce tombeau. En effet, sous la pierre du sépulcre gisait une sirène, la sirène Parthénope qui, éprise d'Ulysse, lorsqu'il errait dans ces parages à la recherche de son île d'Ithaque, et dédaignée par le prince grec, s'était précipitée dans la mer, dans ce golfe où des pêcheurs lui avaient élevé un sépulcre connu sous le nom de *Tombeau de Parthénope*. Les Phéniciens fondèrent à l'entour une bourgade que l'on appela désormais Parthénope. Note bien que ce nom et cette fable n'ont rapport qu'au charme magique et tout puissant de la *beauté virginale* de la contrée dont le Napolitain est si orgueilleux, que dans son enthousiasme poétique il l'appelle un *coin du ciel tombé par mégarde sur la terre!*

Mais déjà depuis plus de cent ans, non loin de ces collines, de Parthénope, qui veut dire *Vierge*, et sur des rivages voisins, existait la fameuse ville de Cumes, dont les deux colonies fondatrices, l'une venue de l'île d'Eubée, l'autre de Cumes d'Asie, vivant en de continuelles dissensions, se séparèrent, et la colonie d'Eubée se fixant sur la colline dominant la vallée du tombeau de Parthénope, qu'entouraient déjà des habitations phéniciennes, y fonda une ville, et lui donna le nom de *Neapolis* ou *Nouvelle-Ville*, par opposition à la bourgade qui entourait le tombeau, et dont le nom fut *Paleapolis* ou *Vieille-Ville*. Mais réunies bientôt en une seule cité, le nom de *Neapolis* prévalut.

Telle est l'origine de la *Napoli* des Italiens, que nous, Français, nous appelons *Naples*. Cette ville est, en effet, divisée en deux parts, la ville des Collines, ou Ville-Haute, la Ville-Nouvelle, Neapolis, et la ville de la Vallée, ou Ville-Basse, la Vieille-Ville, Paleapolis.

L'an de Rome 320, une colonie d'Athéniens, conduite par Diotime, vint se fixer, à son tour, dans cette ville grecque. Ce Diotime y institua des *jeux lampadiques*, en l'honneur de Parthénope, lesquels jeux se célébraient annuellement, avec une pompe magnifique, et à grand renfort de flambeaux, de torches et de lampions. Je soupçonne que de ces fêtes resta aux Napolitains leur amour des réjouissances qui ont lieu, le plus souvent possible, dans leur cité, jamais trop à leur gré, et toujours avec explosions de boîtes, de bombes, coups de canon, feux d'artifices à n'en plus finir, et illuminations devenues célèbres, sous le nom de *a Giorno*, parce qu'elles rendent la nuit aussi lumineuse que le jour. Quoiqu'il en soit, Naples devint une cité de premier ordre, où régna l'élégance athénienne, dont les monuments grecs firent la gloire, et qui brilla bientôt de tout l'éclat du luxe, du savoir-vivre, des écoles savantes, et du renom des hommes qui l'habitèrent. Elle devint un séjour de prédilection pour les Romains. Auguste la décora de splendides édifices, et y construisit un aqueduc, dont on voit encore des restes. Néron vint y chanter sur le théâtre, qu'un tremblement de terre fit tomber au moment où ce *grand artiste* le quittait. Ces deux empereurs, et d'autres encore, y résidaient souvent. Virgile y demeura sur la colline du Pausilippe, où il fut enterré. On l'appelait alors la *riante*, *l'oisive*, la *docte*. Pétrone, qui ne s'y connaissait que trop, la signale comme le pandemonium de tous les vices. A la chute même de l'empire, elle se distinguait encore par ses théâtres et les délices qu'elle offrait à ses visiteurs.

Mais quand vinrent les Barbares, ils y exercèrent de tels ravages, qu'à peine y retrouve-t-on quelques débris de son ancienne splendeur. Les études qui conviaient dans ses murs grand nombre d'étrangers furent remplacées par l'ignorance et la superstition : et ce fut à grand'peine, qu'après le moyen-âge, Naples vit renaître quelque gloire dans son enceinte.

N'attends pas de moi, mon très-cher, que je t'énumère, jour par jour, les annales de la cité de Naples. A quoi bon faire paraître à tes yeux, comme dans une lanterne magique, sur le ciel brillant de ses collines, et parmi les rues teintes de sang :

Bélisaire, général de Justinien, conduisant ses troupes victorieuses jusqu'aux portes de la ville, et profitant de l'obscurité d'une nuit sombre pour s'introduire dans ses murs en se glissant par la voie souterraine d'un aqueduc, afin de chasser les Ostrogoths ;

Narsès, succédant à Bélisaire, et, au grand enthousiasme de la contrée, formant, du territoire de Naples et de Gaëte, un duché qui se donne une sorte de gouvernement républicain ;

Le peuple soutenant contre le roi *Roger*, frère de *Robert Guiscard*, et leurs terribles Normands, en 1136, un long siége, pendant lequel les femmes, les enfants, les vieillards expirent par les rues et sur les places publiques, dans l'agonie de la faim, plutôt que de se rendre, et enfin se soumettent au vainqueur, qui fonde le *royaume des Deux-Siciles ;*

Guillaume-le-Mauvais, successeur de Roger, agrandissant le circuit de la ville, alors à peine la douzième partie de ce qu'elle est aujourd'hui, construisant le *Castel-Capuano*, nommé plus tard la *Vicaria*, et le *Castel dell'Ovo*, le château de l'Œuf, sur l'île Saint-Sauveur, et mettant sous la gehenne de son sceptre de fer les pauvres Napolitains, qui n'osent encore lever la tête ;

L'empereur d'Allemagne *Henri IV*, fils de Frédéric Barberousse, mari de Constance, la descendante du dernier des Normands, qui le fait héritier du trône de Naples et de Sicile, et Frédéric II, leur fils, installant la maison de Hohenstauffen dans le Castel-Capuano, fondant l'université de Naples, et enfin mourant par le poison que lui donne Mainfroi, son bâtard ;

Ce *Mainfroi* et *Conrad IV*, son frère, empereur d'Allemagne, en 1253, mettant le siége devant Naples, prenant la ville par capitulation, puis décapitant les principaux citoyens et rasant leurs remparts, parce que le pape Innocent IV a détourné la ville de l'obéissance au criminel Mainfroi, enfin, Conrad mort, ce Mainfroi s'emparant du trône au détriment de son neveu, *Conradin*, fils de l'empereur ?

Quand à cette dynastie des Hohenstauffen j'aurai fait succéder celle des d'Anjou, de France, dans la personne de *Charles I*, qui, se débarrassant successivement, en 1266 et 1268, par deux victoires et par la hache du bourreau, de l'usurpateur Mainfroi et du enne Conradin, devient possesseur du royaume, agrandit Naples et construit le *Duomo* ou la cathédrale de Saint-Janvier et la Bastille du *Castel-Nuovo*, mais expie le crime du meurtre par les Vêpres Siciliennes qui lui enlèvent la Sicile ;

Quand je t'aurai montré *Charles II*, élevant le *château Saint-Elme; Robert*, surnommé le *Grand*, ami de Pétrarque, mettant en honneur les arts, les sciences et les lettres, et méritant pour Naples le titre d'*Athènes de l'Italie*; *Jeanne I*, laissant expirer son premier mari, André de Hongrie, sous l'étreinte du lacet de soie de l'astucieuse Catanaise, dans l'ombre du cloître d'Averse, et *Charles du Durazzo*, qu'elle appelle à lui succéder, la faisant étouffer sous un lit de plumes, après qu'elle s'est enfermée dans la citadelle du Château-Neuf;

Quand j'aurai fait paraître à tes yeux le luxe et la corruption qui passent de la cour à la ville et font encore de Naples et de Baïa, comme sous l'ancienne Rome, un théâtre de voluptés ; puis *Ladislas de Durazzo* et *Louis d'Anjou*, fils de Jean II, roi de France, se disputant le trône; *Jeanne II*, sœur de Ladislas, à son mari Jacques II de Bourbon, préférant Sergiani Caracciolo, et lui abandonnant le pouvoir jusqu'à ce que le poignard d'une duchesse méprisée et la colère du roi de Sicile, Alphonse d'Aragon, livrent à la mort l'indigne favori, dans le Castel Capuano ;

Quand enfin j'aurai fait passer sous tes yeux l'image du bon roi *Réné*, se débattant avec Alphonse pour la possession du trône napolitain, et que tu auras vu les compagnies franches avec leur fameux condottiere *Sforza*, enlever le pouvoir à Réné, qui est plus occupé de poésie que de gouvernement ;

Il ne me restera plus à te présenter que les ombres des rois de race et de dynastie espagnoles qui vont mettre la main sur le sceptre.

Donc, voici venir *Alphonse*, roi de Sicile, que les lazzaroni de Naples ont insulté en fermant les portes derrière lui, alors qu'il s'absentait de leur ville, qui met le siége devant ses fortifications et place son camp auprès de Portici. Les lazzarroni se défendent bravement. Ils supportent la faim et la soif sans parler de se rendre, lorsqu'un maçon découvre aux assiégeants un viel aqueduc abandonné, par lequel trois cents soldats, introduits dans la ville, livrent les portes au prince d'Aragon. Alphonse fait alors une entrée triomphale qui a pour but d'imposer sa puissance par la majesté de la pompe. Il porte la couronne en tête, et cinq autres sont à ses pieds. Elles figurent les royaumes d'Aragon, de Sicile, de Corse, de Majorque et de Sardaigne. Alors il établit sa résidence à Naples, et y institue la *cour royale de Sainte-Claire* ou *cour Capouane*. Sa grande libéralité lui mérite le surnom de *Magnanime*.

Sur la fin de ses jours, il avait recommandé trois choses à *Ferdinand I*, son fils et son successeur. La première était qu'il éloignât de sa cour les Aragonais et les Catalans, et qu'il se servît surtout des Napolitains. Par la seconde, il lui donnait la bonne pensée de diminuer les impôts. Enfin la troisième avait pour but de maintenir la paix avec les républiques italiennes et notamment avec les Papes. Ferdinand, pour avoir oublié ces conseils, vit ses principaux barons arborer la bannière du Saint-Siége et se mettre en rébellion déclarée. La paix fut conclue néanmoins, au prix de la ville d'Aquila donnée aux Papes. Mais les barons n'eurent pas plus tôt déposé les armes que Ferdinand les fit traîtreusement mettre à mort. Aussitôt le Saint-Père donna le royaume de Naples à **Charles VIII de France**.

Nous comptons donc bon nombre de révolutions dans ce fidèle royaume de Naples... Nous arrivons à la plus fameuse :

Charles VIII se livrant imprudemment à son ardeur belliqueuse et à de trompeuses espérances, se met en marche pour l'Italie au mois d'août 1494. Il part avec une armée de trente mille hommes et arrive sans obstacle jusqu'à Rome dont il prend possession à la lueur des flambeaux. Pressé de continuer cette marche triomphale, qui lui semble une série de victoires, le jeune monarque s'avance jusqu'à Naples, et y fait son entrée au milieu d'un peuple qui jette des fleurs sur son passage et qui l'appelle le libérateur de l'Italie. Cet enthousiasme, malheureusement, est de courte durée. Pendant que Charles VIII s'occupe de tournois et de fêtes, les Etats de l'Italie, que l'on a soulevés, se liguent contre les Français, qui se voient bientôt entourés d'ennemis. Aussitôt Charles précipite son départ afin de ne pas laisser fermer le passage de l'Apennin. Il arrive à Fornoue, à quelques lieues de Parme. Là, il se trouve face à face avec l'armée des Confédérés. Ayant laissé à Naples une partie de ses troupes, le roi de France n'avait avec lui que huit mille hommes, tandis que les ennemis en comptaient quarante mille. Cinq hommes contre un! La valeur française supplée au nombre comme tu sais. Après un combat d'une heure, nos soldats avaient tué quatre mille ennemis et mis le reste en déroute. Les pauvres Italiens se sauvaient, répétant avec terreur qu'ils ne pouvaient résister à la *Furia Francese!*...

Hélas! Gonzalve de Cordoue et ses troupes espagnoles envahirent le royaume de Naples, et conquête et victoire devinrent inutiles.

Cependant Ferdinand Ier s'était enfui à Messine, où il se fit tonsurer dans un couvent de Moines olivataires. *Ferdinand II*, son fils, aidé de Gonzalve, reprit possession du trône, mais il périt peu après. *Frédéric* prenait à peine le sceptre, quand il vit arriver

Louis XII, roi de France, qui, maître du Milanais, marchait vers Naples, qu'il prétendait ramener sous son obéissance. Pour ce faire, le roi de France s'était uni avec le roi d'Espagne, Ferdinand *le Catholique*. Les deux monarques devaient faire conjointement la conquête du royaume et s'en partager les dépouilles. On était en 1500. Les Français, commandés par d'Aubigné, et l'armée espagnole, sous les ordres de Gonzalve de Cordoue, achèvent, en effet, rapidement cette conquête. Mais d'inévitables désordres ne tardent pas à éclater entre les vainqueurs, quand vient le moment du partage. La guerre s'ensuit. Les Français sont battus, à Seminare et à Cérignoles, et, dans l'une de ces batailles, treize de nos chevaliers luttent contre pareil nombre d'Italiens, à la grande gloire de nos armes. Néanmoins, le royaume de Naples est à jamais perdu pour nous.

Ferdinand le Catholique entra bientôt à Naples sous les auspices les plus flatteurs. Il tint un parlement, confirma les priviléges, se fit acclamer des barons et des députés des provinces. Mais, ayant essayé d'introduire l'*Inquisition*, cette fatale pensée lui porta malheur. Les lazzaroni prirent les armes et les torches : ils versèrent le sang et mirent le feu dans la ville de telle manière que le grand inquisiteur fut chassé de Naples, et le roi d'Espagne eût été contraint de le suivre, s'il n'eût solennellement aboli ce tribunal.

Mais le mariage de Jeanne la Folle, sa fille, avec Philippe le Beau, fils de l'empereur Maximilien, fit passer dans la maison d'Autriche le royaume des deux Siciles, que réunit *Charles-Quint*, et que l'Espagne conserva pendant deux siècles.

De mémorables évènements signalent cette époque.

Le premier de tous est le siège de Naples par les Français conduits par Lautrec, au nom de Louis XII, et déjà maîtres de Capoue, d'Averse et de Nola. L'armée française étant campée au pied même de la colline du Poggio Réale, à l'est de la ville, non loin du Vésuve, Lautrec, dans l'intention de priver la cité d'eau potable, rompt l'aqueduc de la Bolla ; mais alors son camp est inondé, et bientôt les eaux stagnantes, infectant l'air, causent une épidémie qui, jointe à la peste dont la ville était atteinte, fait périr les soldats par milliers. Lautrec s'éloigne à grand'peine, entraînant à sa suite ses milices épuisées et abandonnant à jamais les prétentions de la France sur le royaume de Naples.

Le second et le troisième mettent en relief les lazzaroni d'abord, mais surtout, parmi les lazzaroni, deux hommes du peuple qui ont rendu terribles les révoltes dont ils furent les auteurs, et célèbre à jamais, à Naples comme dans le monde entier, le nom de Masaniello...

D'abord, depuis que les rois d'Espagne possédaient le royaume des Deux-Siciles, Naples était gouvernée par des vices-rois, tantôt autrichiens, auxquels on joignait des lieutenants. Gonzalve de Cordoue fut un de ceux-là. Vint ensuite *don Pedro de Tolède*, qui, des fossés de la ville, à l'ouest, remplis et nivelés, fit la magnifique *Strada di Toledo*, et agrandit considérablement la ville sur les collines du Vomero, et les quais, etc. Cet homme, habile politique, mais dédaignant l'art de gagner les cœurs, voulut reprendre l'œuvre de Ferdinand Ier et établir le Tribunal de l'Inquisition. L'origine de ce Tribunal remonte à une constitution du concile de Vérone, établie par le pape Licinius, par laquelle ce pontife ordonnait aux évêques de s'informer, *inquirere*, par eux-mêmes ou par des commissaires, des personnes suspectés d'hérésie, afin de les éclairer et de les ramener à la vérité. L'Inquisition fut établie sur ce principe dans les Etats de l'Eglise ; et c'est une circonstance digne de remarque, que là, bien rarement, le bûcher se dressa pour punir un crime de religion. Des conseils de remontrances, des expiations privées, quelquefois publiques, rappelaient généralement le coupable dans le giron de l'Eglise. Mais, en Espagne, ce tribunal agit de telle sorte qu'il rendait l'inquisition sanglante, et par là même odieuse. Aussi, à ce mot d'inquisition prononcé par l'Espagnol don Pédro, les lazzaroni de se mettre en révolte ouverte, comme la première fois, sous Ferdinand. Il y avait lieu. On leur disait, malignement et tout bas, que pour peu qu'ils parussent suspects, on leur donnerait l'affreuse torture de la question, par la corde, par l'eau ou par le feu. Les meneurs de l'insurrection leur racontaient que, dans le premier cas, on liait derrière le dos les mains du patient, par le moyen d'une corde passée dans une poulie au plus haut d'une voûte et que les tourmenteurs, après l'avoir élevé aussi haut que possible, et tenu ainsi suspendu pendant quelque temps, lâchaient la corde de manière à ce qu'il tombât à un demi-pied de terre, secousse horrible qui disloquait les jointures du corps et était ainsi renouvelée sans cesse pendant une heure. Quant à la question par eau, les bourreaux étendaient leur victime sur une espèce de chevalet de bois, en forme de gouttière, les pieds plus haut que la tête, un linge fin mouillé placé au fond de la gorge et sur les narrines, et faisaient filtrer l'eau dans la bouche et dans le nez avec tant de lenteur que, dans ses efforts pour respirer et pour avaler, le patient endurait un supplice inexprimable. Enfin pour appliquer la question du feu, les tourmenteurs ayant attaché les mains et les jambes du suspect, lui frottaient les pieds avec de l'huile ou de la graisse et les lui plaçaient devant un brasier ardent jusqu'à ce que sa chair fut tellement crevassé que les nerfs et les os parussent dénudés de toutes parts.....

Je te laisse à penser si, à ces détails, les lazzaroni, qui aiment fort leurs aises et le repos, et d'ailleurs catholiques à ne jamais être suspectés, ne frémissaient pas de colère ! Aussi, quant un jour, en 1547, à la porte du Duomo, ces braves gens voient affiché le Bref d'Introduction du Saint-Office, ils se soulèvent comme un seul homme. Un capitaine de place, né à Sorrente, *Tommaso Aniello*, par abréviation *Maso Aniello*, et en un seul mot *Masaniello*, se met à la tête des mutins. Ils courent, comme des furieux, déchirer l'affiche partout où elle se trouve. Mais dans leurs pérégrinations on leur enlève Masaniello, que l'on conduit au Castel-Capuano, devenu la *Vicaria* ou résidence du Vice-Roi. Le peuple y accourt et réclame son héros à grands cris. Avis est demandé à don Pédro, qui s'est réfugié dans la Bastille du Castel-Nuovo. Ce retard fait naître des soupçons, et le tumulte croît à chaque minute, lorsque la cloche de San-Lorenzo, une église du centre de la ville, sonne le toscin, et porte la rébellion à son comble. Aussitôt trois citoyens, heureusement inspirés, se mettent à la tête des lazzaroni, qu'ils divisent en trois bandes, et les conduisent par des rues différentes à la rencontre du lieutenant du vice-roi parti en émissaire. On le retrouve dans l'église de Santa-Chiara, où il s'est réfugié ; mais comme il ne fait aucune réponse satisfaisante, il est traîné vers San-Lorenzo, où il est question de lui donner la mort. Sur ce, le lieutenant dépêche un des trois chefs des révoltés à la Vicaria, avec l'ordre de rendre la liberté à Masaniello. Alors les bandes de lazzaroni se précipitent de ce côté. Tout-à-coup voici venir à eux, monté en croupe sur le cheval de l'envoyé leur chef Masaniello, libre, joyeux et triomphant. Les lazzaroni d'applaudir à sa délivrance ! C'était tout ce qu'ils voulaient. On leur promet de ne pas établir le Saint-Office, et, de leur côté, la populace rentre incontinent dans l'obéissance.

Tel est le caractère du Napolitain : effervescence d'un moment, puis, tout après, calme plat. C'est cette étrange mobilité, et cette singulière apathie après l'agitation, que sut trop bien comprendre un autre vice-roi, le duc d'Arcos, en 1647, dans l'autre révolution des lazzaroni, que je vais dire.

Le moment est venu d'entonner ta bien-aimée barcarole de la *Muette de Portici* :

> Amis, la matinée est belle,
> Sur le rivage assemblez-vous
> Montez gaiement votre nacelle,
> Et des vents bravez le courroux.
> Conduis ta barque avec prudence,
> Parle bas, pêcheur, parle bas !
> Jette tes filets en silence :
> La proie au-devant d'eux s'élance.
> Parle bas, pêcheur, parle bas !
> Le roi des mers ne t'échappera pas.

Cette fois il s'agit du second Masaniello, du grand Masaniello, de ce Masaniello dont le nom est tellement populaire à Naples, qu'il suffirait de le prononcer pour mettre en émoi l'innombrable populace qui y pullule. Aussi, depuis l'époque de son triomphe, est-il défendu, dans les Deux-Siciles, de donner ce nom à âme qui vive. Mais on a beau faire, la grande ombre de Masaniello plane sur la ville, et à Naples, le premier héros n'est pas le roi, mais Masaniello.

D'abord, il faut te dire, mon cher ami, qu'un esprit de liberté paraissait à cette époque animer l'Europe entière. Les Hollandais venaient de faire reconnaître et respecter leur République; les Anglais retenaient Charles Iᵉʳ prisonnier à Hampton-Court; nous, Français, nous faisions la guerre de la Fronde au cardinal Mazarin et à la Régente; les Portugais secouaient le joug de l'Espagne : les Catalans se soulevaient, et une insurrection éclatait en Sicile. La révolte était donc dans l'air qu'on respirait et, à son contact, Naples devait s'insurger. Presque partout l'inquiétude et la souffrance soulevaient les peuples contre des abus intolérables : ceux de Naples étaient les impôts, des impôts excessifs dont on frappait toutes choses au profit des Espagnols. Mais, en de telles circonstances, la plus dangereuse de toutes les passions auxquelles les opprimés puissent s'abandonner est celle de la vengeance : c'est elle qui fait échouer presque toutes les révolutions.

Voici la mise en scène de notre drame :

Non loin du golfe et du quai plébéien de la Marinella qui le borde, au centre du quartier del Carmine, ainsi nommé du Fortin et de l'Église del Carmine, voisin, à l'extrémité orientale la plus basse des rampes qui portent Naples, il est une grande place qui a nom *Largo del Mercato*, Place du Marché. De hautes maisons bordent son immense parallélogramme; mais aux souquenilles et aux lambeaux qui se balancent à toutes les fenêtres, et à tous les visages qui font apparition aux lucarnes parmi les guenilles, qui les décorent, on doit comprendre que ces maisons n'ont d'autres habitants que la populace la plus infime. En effet, c'est sur cette place et dans les rues qui y aboutissent que demeurent les lazzaroni, et que se vendent les fruits et les légumes. Au temps en question, sur un échafaud de bois, se dressait en permanence le gibet qui servait à pendre les criminels. De nos jours, on guillotine, et l'affreuse *Mandaja* ne montre son squelette qu'au moment voulu, c'est-à-dire, comme en France, pendant la nuit qui précède une exécution. Au temps en question encore, on voyait une croix de porphyre érigée en face du *Vicolo del Sospiro*, la ruelle des Soupirs. Cette croix est abritée de nos jours par une chapelle, et désigne l'endroit même où, le 29 octobre 1263, un matin, le jeune Conradin de Hohenstauffen et son cousin Frédéric d'Autriche, furent frappés de la hache du bourreau. Les rues qui convergent sur cette place sont nombreuses et, toutes, habitées par la plèbe. Je te signale seulement celle du milieu, au nord, le Vicolo del Sospiro, parce que c'est cette ruelle des Soupirs, — elle est bien nommée, qu'en dis-tu ? — qui conduit à la Vicaria, résidence des rois et des vice-rois, jadis, et à présent prison des condamnés à mort. Je te signale, en outre, une série de rues à l'ouest, qui, se rattachant à la Strada del Porto, dont je parlais au début de cette lettre, mènent droit au Castel-Nuovo. Sur ce Largo del Mercato grouillent des milliers de marchands de fruits et de légumes, et, parmi des montagnes et des pyramides de pastèques, d'oranges, de citrons, des centaines d'enfants à l'état de nature, et des légions de lazzaroni. Il est difficile de concevoir un tableau plus animé.

Donc, en de 1642, le 16 juillet, alors que le peuple de Naples, lazzaroni et vendeurs, pêcheurs et facchini, commence à envahir la place du marché, des groupes de curieux entourent un appareil de fête disposé au centre même du Largo. On allait célébrer les pompes de Notre-Dame du Mont-Carmel, fête du quartier, del Carmine ou du Carmel, et, à cette occasion, on avait construit une sorte de forteresse en bois peint. Alors, comme souvenir des assauts qu'avait dû subir la montagne du Carmel dans les guerres saintes, ce bastion défendu par une garnison chrétienne, devait être attaqué par une armée de Sarrasins. Les soldats chrétiens n'étaient autres, d'ordinaire, que les lazzaroni, en caleçon court et la tête coiffée de leur bonnet rouge. Les soldats infidèles n'étaient autres non plus que des lazzaroni, vêtus à la turque, pantalons larges, veste de soie et turbans étincelants. Pour armes, ces légions chrétiennes et sarrazines avaient de long roseaux dont on ne pouvaient craindre de cruelles blessures dans la mêlée. Mais, en outre de ces préparatifs d'amusements, une autre chose fixait le regard, c'était des gens du vice-roi, en justaucorps espagnols, la hallebarde au bras, qui gardaient les issues de toutes les strades et de tous les vicoli. A tout venant, ces hommes d'armes faisaient remarquer d'un air narquois un décret affiché sur les murailles. On le lisait : mais dans les yeux de ceux qui lisaient, comme sur le visage de ceux qui écoutaient, on voyait quelque chose qui ressemblait à la stupeur d'abord, puis à la colère. Sur ce, des hordes de plébéiens se réunissent : on cause à haute voix, on gesticule. Le murmure et l'animation vont croissant, on braille, on crie, on hue, on hue les gens du duc d'Arcos... La foule arrive plus nombreuse encore : elle s'impatiente, on voit que le feu d'une fièvre la surexite. Tout-à-coup, des groupes nouveaux qui surviennent sort un jeune lazzarone qui dépose à terre une corbeille de fruits. Il est grand, il est beau, il a le regard fier, le visage inspiré : on devine qu'une passion le domine. De son costume rien à dire ; il a pour tout vêtement un caleçon de toile blanche très-court.

— Les voilà bien ces gens de sac et de corde ! s'écrie-t-il avec exaltation. Il leur faut boire jusqu'à la dernière goutte de la sueur du pauvre peuple... Ces indignes représentants de notre roi bien-aimé, qui ne les connaît pas, non contents d'avoir mis des impôts sur toutes choses, viandes, boissons, vêtements, maisons... inventent encore de nouvelles taxes. L'insatiable gabelle va peser à cette heure sur nos plus vils aliments. Les fruits et les légumes chargés par le fisc d'un odieux impôt, que nous restera-t-il à manger, si non l'herbe des champs, comme le bétail? Veulent-ils donc que le peuple meure! Savez-vous, amis, qu'une gabelle de quatre-vingt mille ducats pèse d'aujourd'hui sur ces denrées du pauvre? Quatre-vingt mille ducats! Et cet argent qu'ils expriment des dons que Dieu a faits à l'indigent, cet or qu'ils pressurent du jeûne qu'ils imposent, à qui le donnent-ils? Aux Espagnols! aux Espagnols toujours... Oui, c'est notre mort que l'on veut! On nous pousse au désespoir et à la révolte? Eh bien! rebellons-nous. Enfants, aux armes! aux armes, au cri de : Vive le roi! Vive Philippe IV ! mais guerre! guerre à mort au duc d'Arcos, son indigne et traître représentant!

— Vive, vive le roi! Guerre, guerre au duc d'Arcos ! s'écrie la foule des lazzaroni, si mobiles, si faciles à émouvoir et à entraîner.

— Vive, vive Masaniello! ajoutent-ils avec un enthousiasme plus formidable encore.

En effet, le lazzarone qui vient de parler, né à Amalfi, sur le golfe de Salerne, est fixé depuis peu à Naples. Il demeure sur le Largo del Mercato même, dans une maison qui fait presque l'angle de la place, du côté du Fortin et de l'église del Carmine, au levant. Il a le nom, le nom prédestiné à servir de bannière au peuple, de *Tommaso Aniello*, que, dans son amour des diminutifs, la plèbe prononce *Masaniello*. Il reprend alors avec une énergie sauvage :

— Le duc va savoir que nous nous soulevons, amis. Allons à

son palais le lui dire nous-mêmes! Qu'il apprenne que nous refusons la nouvelle taxe et toutes les gabelles qui ont été inventées depuis l'ordonnance de Charles-Quint, excluant pour l'avenir toute imposition!

— A la Vicaria! hurlent cent mille voix.

Que dis-je? cent mille! Deux cent mille voix s'égosillent dans Naples, soulevée partout, en un quart d'heure. Lazzaroni, pécheurs, facchini, matelots, marchands, gens de toutes les professions, plus cinquante mille femmes, suivent Masaniello qui, armé d'une épée, va droit à la Vicaria. Là, on demande le vice-roi, qui ne se trouve nulle part. Toutefois aux indicibles clameurs de cette multitude déchaînée, d'Arcos comprend l'éminence du péril. Il écrit deux ordonnances, la première qui abolit tous les impôts, la seconde qui dote Masaniello. Le vendeur de fruits lit au peuple celle-là, mais il déchire celle-ci, au grand enthousiasme de la foule, prête à le vénérer comme un être surnaturel. Puis, comme les lazzaroni ont fait irruption dans le palais, qu'ils dévastent, et que le vice-roi peut être en danger d'être occis, Masaniello lui conseille de se retirer au château Saint-Elme, proposition que le duc d'Arcos accepte avec empressement. A ce moment, des hauteurs du château, le vice-roi peut voir le torrent populaire qui se répand partout, portant la flamme et le fer, incendiant les bureaux de perception, incendiant les palais des seigneurs espagnols, massacrant les nobles qu'il rencontre.

Maître de la ville, le pauvre pêcheur d'Amalfi, qui comprend que désormais ses ordres deviennent des lois pour la multitude furieuse, retourne sur la place du marché dont il fait son Louvre. De là, par son ordre, on publie à son de trompe l'abolition des impôts, et on rend la liberté à tous ceux qui sont détenus pour dettes ou amendes, dont le fisc est la cause. Il prescrit ensuite à tout Napolitain, âgé de vingt à cinquante ans, de prendre les armes et de se réunir à lui. Cent trente mille hommes répondent à son appel. Il divise cette armée en quatre parts dont il confie le commandement à quatre chefs chargés, avec elles, de veiller sur la cité partagée en quatre parties. *Salvator Rosa*, l'artiste républicain, le peintre fameux, ami de Masaniello dont il a fait le portrait, commande une compagnie spéciale, celle des peintres, qui prend le titre de Compagnie de la Mort. Alors, toutes choses organisées ainsi en quelques heures, par des décrets qu'il scelle avec une plaque de métal suspendue à son cou, le jeune lazzarone monte sur une estrade qui domine la place, vêtu de son caleçon de toile et toujours armée de son épée. Là il passe la nuit et une partie du jour suivant à juger tous les personnages de la ville, Espagnols ou Napolitains, regardés comme coupables d'avoir prêté la main aux exactions du vice-roi. C'est un horrible spectacle, en cette nuit fatale, à la lueur rougeâtre des torches de voir et d'entendre tomber nombre de fois la hache du bourreau séparant du tronc la tête de ceux qui sont convaincus : car aussitôt condamnés, aussitôt exécutés. Souvent aussi la liberté est rendue à ceux qui démontrent leur innocence. Il n'est pas jusqu'aux faussaires et aux assassins qui ne soient immédiatement livrés à la mort. Le sang coule en ruisseaux sur le pavé : les cadavres attachés aux planches de l'estrade, aux murailles peintes de la forteresse de bois ou jonchant le sol, frappent les regards sur tous les points. Mais, c'en est fait, les prisons de Naples sont vides.

Le troisième jour de cette sanglante rébellion, alors que les milices espagnoles se sont renfermées dans Castel-Nuovo, le Castel del l'Ovo, le Fortino del Carmine, et le Château Saint-Elme ; pendant que les bandes des insurgés courent dans les rues et gardent la ville pour en éloigner tout désordre, le cardinal-archevêque, Filomarino, se présente en plénipotentaire à Masaniello et lui demande à quelles conditions la ville peut rentrer sous le pouvoir de son souverain légitime. Le tribun fait remarquer au cardinal-archevêque que la ville n'a pas cessé une minute d'appartenir à S. M. Philippe IV, et, pour preuve, il lui montre les bustes et les portraits du prince qui décorent toutes les rues; puis il ajoute que, pour mettre fin à la rébellion, il ne veut que justice, et qu'il demande la remise entre les mains du peuple de l'original de l'ordonnance de Charles-Quint, proscrivant désormais toute gabelle. Le cardinal remplit sa mission ; mais au moment où Masaniello va reprendre sa place sur l'estrade du Largo del Mercato, cinq coup d'arquebuse se font entendre tout-à-coup... Heureusement, pas une n'a porté, et Masaniello est sain et sauf. Toutefois on saisit les meurtriers, et ils sont aussitôt massacrés sans pitié. Enfin, pendant que le peuple se réjouit du salut de son chef, on vient lui présenter l'ordonnance de Charles-Quint; mais Masaniello la déchire aussitôt avec colère et dit à ceux qui l'entourent :

— Les lâches ! Ils comptent sur mon ignorance... Ils me remettent une copie de l'ordonnance, et non l'original ! Et, pour comble d'injures, cette copie est falsifiée !...

Ainsi, en voulant désarmer la révolution, d'Arcos l'irrite davantage. Ne pouvant le tromper, on cherche à abattre le pauvre vendeur de fruits. Puis, comme on n'a pu le faire tomber par la violence, on va imaginer de le perdre par la ruse.

Le quatrième jour, Masaniello est convié près du duc d'Arcos pour travailler à un traité qui doit confondre les intérêts du roi avec les intérêts du peuple. Le dictateur refuse d'abord ; mais conjuré par le cardinal, qui est de bonne foi dans ses rapports avec lui, de ne pas faire au vice-roi le déplaisir de refuser tout accommodement, et pressé d'accepter par convenance les vêtements somptueux et le cheval de prix qu'on lui envoie pour cette conférence, Masaniello, fort à contre-cœur, se couvre de ces habillements inaccoutumés, monte à cheval, et suit l'archevêque. Tout le peuple l'entoure, admirant la noblesse de son port, la dignité et l'élégance du jeune héros cavalcadant avec autant de grâce que s'il n'avait fait que cela toute sa vie. Arrivés à la Vicaria, Masaniello fait signe au peuple de s'arrêter. Que se passe-t-il dans cette réunion? Nul ne saurait le dire. Seulement comme Masaniello tarde beaucoup à descendre, la multitude s'impatiente et fait tapage. Aussitôt le vendeur de fruits paraît à un balcon, met un doigt sur la bouche, et fait un geste qui veut dire : Éloignez-vous. Tout se tait : la foule disparaît comme par enchantement. Le soir même un traité de paix est conclu : on doit le signer le lendemain.

Le lendemain, cinquième jour de l'insurrection, Naples offre un spectacle merveilleux de beauté. Les rues sont décorées de fleurs et de tapisseries; les troupes espagnoles et les cent trente mille hommes de la milice plébéienne forment la haie ; la place du Marché est en fête, et l'église des Carmes resplendit de mille feux. Une grande cérémonie s'y prépare; les cloches de toutes les églises l'annoncent, et l'archevêque, entouré de son clergé dans toutes les splendeurs des pompes religieuses, attend sous le beau clocher del Carmine. Enfin le cortège arrive sous le rayon du plus beau soleil du monde. Le duc d'Arcos et Masaniello, richement parés, suivis d'une nombreuse et brillante cavalcade, s'avancent vers le sanctuaire. On pénètre dans l'église del Carmine, où, après l'office, lecture du traité de paix, faite la veille, est donné au peuple. Masaniello, toujours sa même épée à la main, se tient près du lecteur et explique, en les commentant, les expressions de ce traité. Puis on chante le *Te Deum*. Enfin le cortége retourne à la Vicaria, où un banquet attend les principaux acteurs de cette scène. Masaniello n'a pu s'exempter d'y assister. Placé à table à côté de la duchesse d'Arcos, celle-ci lui présente son bouquet, puis, mis en demeure de boire à la santé du roi, on lui verse un rouge bord. Masaniello aspire avec galanterie le parfum des fleurs et d'un trait vide le rouge bord. Mais aussitôt il porte sa main droite à sa tête et la main gauche à son cœur. Sa tête est en feu, sa poitrine brûle. L'infortuné vient d'aspirer et de boire un poison, mais un poison qui ne tue pas, un poison qui rend fou !

Oui, Masaniello est fou, et, le sixième jour, tous ses actes sont des actes de folie. Ses ennemis profitent de cette démence, le fruit de leur crime, pour travailler les mauvais instincts du peuple. On lui fait croire que Masaniello veut se faire roi, que Masaniello songe à mettre Naples sous son joug. On rappelle sa tenue royale à cheval, son autorité à l'église del Carmine, son despotisme sur la place du Marché. Le peuple est facile à changer, tu le sais, ami : le peuple de Naples, les ignorants lazzaroni se refroidissent pour leur idole, ils méconnaissent leur sauveur. Pour eux, Masaniello cesse d'être un héros !

Aussi, le septième jour, alors que la fièvre du sang s'est un peu calmée chez le pauvre enfant d'Amalfi, comme il entend sonner la cloche qui appelle à son église del Carmine, car c'est la fête de N.-D. du Mont-Carmel, il se lève, fait sa prière, quitte sa maison du Largo del Mercato, et se rend à sa paroisse. Il prie avec ferveur pendant la messe, et, l'office terminé, monte en chaire. Sur son visage plane une profonde mélancolie : sa voix est triste ; il y a de l'abattement, du désespoir dans toute sa personne

— On a dit que je voulais me faire roi ! murmure-t-il. Moi, fils de pêcheur, moi, vendeur de fruits, moi, j'ai jamais songé à me faire roi ! Qu'un tel blasphème retombe sur ses auteurs ! Mais, par ce Christ, mort pour notre salut à tous, je jure que je ne suis pas coupable d'un tel crime ! Je n'ai souhaité autre chose que donner ma vie pour te délivrer du vol et de la rapine, peuple de Naples. Maintenant puisqu'on ne me comprend pas, et qu'on m'accuse, je je me retire, adieu ! Seulement, quand sonnera l'heure de mon trépas, et cette heure est proche, amis, priez, oh ! priez pour le pauvre Tommaso Aniello !

Il dit, descend et va s'éloigner. Mais la foule gronde sourdement. Masaniello promène sur elle un regard sombre, plein de reproches, puis il franchit lentement une porte qui ouvre sur le cloître du monastère des Carmes. Il est à peine hors de la nef latérale, que trois coups de feu retentissent, et... trois balles lui percent le cœur...

Cette fois, c'en est fait, Masaniello est mort !...

L'un des meurtriers lui coupe la tête, et, cette tête sanglante à la main, traverse la ville, courant la déposer aux pieds du duc d'Arcos, qui la regarde, et la fait jeter dans les fossés de Naples. Les deux autres assassins saisissent le cadavre de l'infortuné, le mutilent cruellement sur la place du Marché, le traînent dans la fange, le promènent dans les rues, le mettent en pièces, en dispersent les lambeaux, et plongent ses ossements dénudés, dans les mêmes fossés où gît la tête, qu'ils bafouent et couvrent d'outrages. Mais deux jours après, la disette du pain se faisant sentir, les lazzaroni appellent leur martyr, qui ne répond plus à leurs voix... Partout ce n'est que pleurs et gémissements. Tout l'amour du peuple pour sa victime lui revient au cœur. On cherche sa dépouille : on en réunit toutes les parties lacérées, tous les fragments brisés. On les place sur un brancard, on ceint la tête d'une couronne de fleurs, on lui met l'épée, son épée des sept jours, à la main, on lui ajuste un manteau de roi. Puis on le promène dans la ville.

Hélas ! il n'est plus temps : Masaniello est trépassé, et le duc vit ! C'est en vain que le défunt est porté à Santa-Chiara, où le cardinal archevêque célèbre pour lui l'office des morts ; c'est en vain qu'on le conduit ensuite à l'église del Carmine, où on l'enterre avec les cérémonies des princes, jamais plus Masaniello ne se lèvera pour rendre à ce peuple ingrat la liberté dont il a besoin...

Hier, mon cher Achille, j'ai cherché la fosse de Masaniello dans l'église del Carmine : rien ne la signale ; et quand je l'ai demandée, on m'a regardé de travers... Je ne lui en ai pas moins donné un souvenir...

Au jour qu'il est, l'Espagne règne encore à Naples, dans la famille de Charles III, fils de Philippe V et d'Élisabeth Farnèse, lequel Philippe V, par son père, chef de la maison des Bourbons d'Espagne, fils du dauphin Louis de France et petit-fils de Louis XIV, descend de notre Henri IV. Oui, l'Espagne règne encore à Naples dans la personne de Ferdinand II de Bourbon. Mais c'est assez de cette généalogie. Quant aux Lazzaroni, une fois encore, à l'arrivée

Le Golfe de Naples.

des Français dans Naples, à l'époque où nos armées républicaines faisaient la conquête du monde, ils se montrèrent ardents et pleins de l'amour sacré de la patrie, en luttant, non sans honneur, contre Championnet, qu'on leur disait vouloir détruire leur indépendance. Mais ce fut le dernier moment de cette classe d'hommes. Les gouvernements qui se sont succédé depuis cette époque, ont cherché à éveiller en eux le sentiment de la propriété, et celui du besoin du travail. Ces efforts ont été couronnés d'un heureux succès. Les lazzaroni disparaissent peu à peu tous les jours. Il y a maintenant à Naples des hommes pauvres, mal vêtus, ignorants, abrutis : ils sont à peu près ce que sont nos *chiffonniers* de Paris, et les *mob* de Londres. Peut-être même, parce que la misère est plus grande à Naples, ces infortunés y sont-ils plus nombreux. Voilà ce qui fait croire encore l'existence du lazzarone : mais le vrai lazzarone, le lazzarone pur sang s'efface ; hâte-toi de venir à Naples si tu tiens à voir les derniers débris de cette race, ne conservant de l'humanité que de belles formes et de magnifiques têtes.

Je m'en tiens là, car il me suffit de t'avoir parlé de ton cher Masaniello. Avec lui, cette lettre sera mieux venue encore près de toi, peut-être, quoi que notre vieille amitié n'ait besoin d'aucun auxiliaire : entre nous, n'est-ce pas à la vie et à la mort ?

VALMER.

www.ingramcontent.com/pod-product-compliance
Lightning Source LLC
Chambersburg PA
CBHW070237100426
42743CB00011B/2083